AF610272

3 pièces

offert à la bibliothèque impériale le 15 juin 1858.

Ch. de Sourdeval

Charles Mourain de Sourdeval
né à Nantes le 23 octobre 1800.
juge au tribunal de Tours en
avril 1830.
Chevalier de la légion d'honneur
le 8 septembre 1849.
Membre du Conseil général
de la Vendée en 1853.

I

ÉTUDES GOTHIQUES.

II

Le voyage d'Ulysse en Germanie.

III

Hilda, nouvelle scandinave

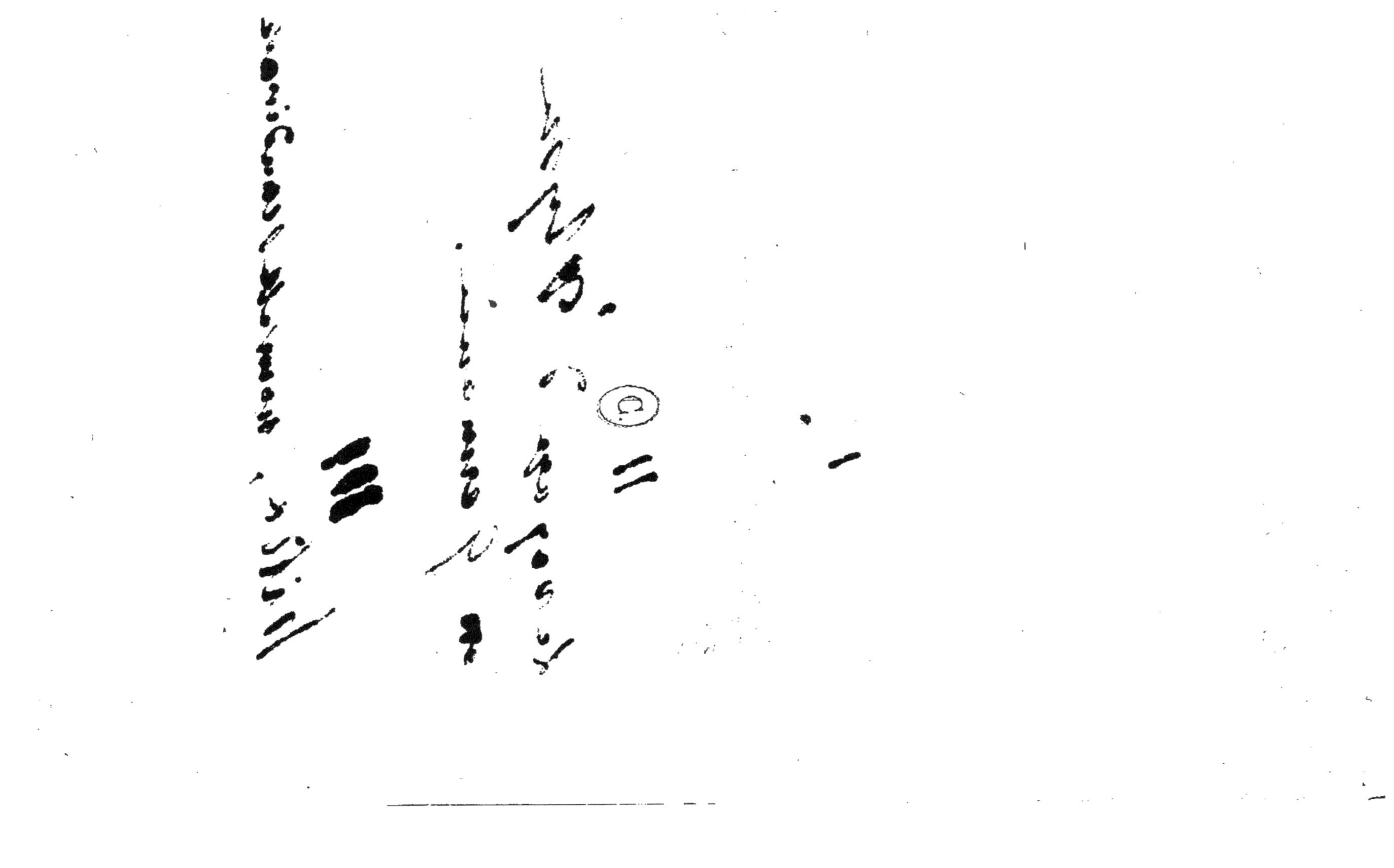

一

二

三

ÉTUDES GOTHIQUES.

PAR

CH. MOURAIN DE SOURDEVAL,

JUGE AU TRIBUNAL DE TOURS, MEMBRE DE LA SOCIÉTÉ ACADÉMIQUE D'INDRE ET LOIRE,

OUVRAGE MENTIONNÉ HONORABLEMENT DANS LA SÉANCE GÉNÉRALE DE L'INSTITUT, LE 9 MAI 1839.

We synt gumcynnes geata leode.
Nous sommes de la race des peuples gothiques.
BEOWULF, IV, 5.

TOURS,

IMPRIMERIE DE MAME.

1839.

Nota. Le but de l'Auteur, en rédigeant cet écrit, pour l'adresser au concours du prix *Volney*, en 1839, a été de soumettre à l'Institut un simple programme des études auxquelles il se livre sur les *Origines Gothiques de la langue française.*

ÉTUDES GOTHIQUES.

PREMIÈRE PARTIE.

Ancienneté des Langues gothiques. Leurs migrations. Leurs divisions.

> Dieu dilatera Iaphet (Gen. IX, 27.). . . . Dans la géographie hébraïque, Iaphet désigne les races scythiques qui parlent l'idiôme sanskrit.
>
> VOLNEY.
>
> (*Recherches nouv. sur l'hist. anc.*, *ch.* 9.)

La lutte prolongée des nations gothiques contre Rome s'étant terminée par la dissolution de l'empire d'Occident, tous les peuples accourus du Nord se répandirent, comme un torrent, sur les provinces conquises. Ils s'y heurtèrent, et quelquefois s'y détruisirent les uns les autres; mais finalement ils couvrirent le monde romain de leurs armes et de leurs colonies; ils lui superposèrent leurs lois, leurs mœurs, et, jusqu'à un certain point, leur langage.

Or, les barbares, aussitôt après la conquête du sol, s'emparèrent des deux éléments les plus immatériels de la civilisation des vaincus, de la religion qui leur promettait les royaumes du ciel après qu'ils eurent conquis ceux de la terre, et de la langue qu'ils crurent nécessaire à l'exercice de leur nouveau culte, et qu'en outre ils employèrent à la publication de leurs lois. Tous s'empressèrent de faire rédiger leurs anciennes coutumes dans un idiôme qui se fixait si merveilleusement par l'écriture. C'était un grand progrès sur la tradition incertaine du chant national, du « Barditus », qui jusque là avait été le seul répertoire des lois et des archives. « Quod unum apud illos memoriæ et annalium genus est. » *Tac. Germ.* 2.

Aussi, les lois des Goths d'Italie et d'Espagne, celles des Bourguignons, des Francs Saliens et Ripuaires furent-elles l'œuvre d'une rédaction et d'une traduction, non d'une création nouvelle, lorsqu'elles furent promulguées en langue latine par l'ordre de princes devenus chrétiens (1).

Cètte circonstance permit au latin de prolonger son existence au milieu de l'invasion qui le circonvenait. D'une part, il resta comme une langue savante, portant en soi les précieux monuments de l'antique civilisation grecque et romaine; de plus, il put s'infiltrer progressivement dans l'habitude des nouveaux peuples, et obtenir, dans la fusion qui termina le conflit, une part plus large que celle réservée à la défaite.

C'est ce croisement du latin et des idiômes gothiques qui a donné naissance aux langues modernes de l'Europe occidentale. Chacune a surgi de cette pénible fermenta tion, avec les deux éléments dans des proportions di-

---

(1) Voir à ce sujet une savante dissertation de Legrand d'Aussi. Mem. de l'Institut, sciences morales, t. 2.

verses et avec une forme spéciale. Le gothique est intact en Scandinavie et en Allemagne; il a été modifié en Angleterre par la conquête normande; puis enfin dans les trois pays d'Italie, d'Espagne et de Gaule, où le latin était en vigueur avant l'invasion du Nord, les éléments latins se sont conservés en grande majorité. L'antique et belle structure de cette langue a été démolie, sa forme complexe et savante a dû succomber sous l'ignorance générale; mais ses matériaux, détachés et froissés pendant des siècles, ont cependant fini par retrouver de la régularité, et se sont adaptés avec justesse aux trois monuments modernes qui ont remplacé l'antique édifice.

Nous demanderions vainement aux auteurs anciens des documents précis sur les divers groupes de langues entre lesquels l'Europe se partageait de leur temps. Le peu qu'ils connaissaient des langues *barbares*, ne leur permettait pas de saisir entre elles des rapports suivis. La différence seule les frappait, l'analogie échappait à leurs observations incomplettes, que le défaut de livres étrangers rendait d'ailleurs très-difficiles.

La philologie moderne et l'analyse des langues qui nous sont aujourd'hui connues, peuvent seules nous dire quelles langues les ont précédées. Elles nous apprennent que les langues gothiques ont dû être parlées de tout temps, en Europe, à peu près dans les mêmes régions qu'aujourd'hui; et même, selon toute apparence, sur les territoires de la Grèce et de l'Italie, concurremment avec le slave, dans les temps qui ont précédé l'ère historique.

Or, la comparaison de la langue grecque et de la langue latine avec les langues gothiques et les langues slaves, prouve qu'il y a entre elles de nombreux points de ressemblance, et qu'une étroite parenté a dû exister, nommément entre le grec (ou le latin) et le gothique, avant la fusion violente qui, aux 5e et 6e siècles, a de nouveau combiné leurs éléments dans la formation des langues de l'Europe.

Ces rapports entre le grec et le gothique ont depuis longtemps fixé l'attention des érudits de l'Allemagne. Déjà, au 16e siècle, le savant et profond Junius avait prononcé qu'il n'y a d'autre différence entre ces deux langues que celle du dialecte à l'idiôme dont il est dérivé; et Bibliandre, dans son traité intitulé : *De ratione communi omnium linguarum*, avait indiqué que sur deux mille racines grecques ou latines, on en compte huit cents communes aux langues germaniques. Ces observations, déjà anciennes, ont été confirmées par des études modernes; et en dernier lieu, M. Eckert, professeur au gymnase d'Augsbourg, a, dans un ouvrage spécial sur la matière, produit une liste d'environ mille racines, qui sont évidemment identiques dans les deux groupes. La comparaison poursuivie sous le point de vue grammatical a offert les mêmes ressemblances. « Si l'on dépouille, » dit Fulda, la langue grecque de tout ce qu'elle contient » de formes et de modifications inutiles, l'on y trouvera » tout ce que le gothique renferme d'essentiel; elle a son » article devant le nom, elle a les mêmes combinaisons » de syllabes préfixes et finales (1). »

Cependant, il est remarquable que la langue grecque

(1) Medinger, Dictionnaire comparatif des idiômes teuto-gothiques, page 585.

offre plus de rapports encore avec le slave qu'avec les langues gothiques. Le savant Fréret s'étant douté que les Grecs primitifs étaient de souche européenne, fit d'habiles investigations dans le but d'éclaircir ce fait. Il chercha si parmi les langues aujourd'hui existantes, il ne s'en trouverait pas une qui, comparée au grec, offrît un certain nombre de mots semblables aux anciennes racines de la langue grecque, qui présentât quelque analogie dans le génie grammatical, et qui eût été parlée par un peuple dont les ancêtres, voisins de la Grèce, eussent pu y pénétrer, et se trouver mêlés avec les Grecs dès les premiers temps.

De toutes les langues modernes examinées suivant ce plan, la langue esclavonne fut celle qui parut le mieux y satisfaire : il y trouva un grand nombre de mots semblables par le son et par la signification aux anciennes racines simples de la langue grecque; enfin, les peuples qui la parlent sont les descendants des Gètes et des Thraces, peuples voisins de la Grèce, ayant occupé toutes les contrées qui confinent avec elle du côté du nord (1).

Jacob Grimm confirme l'observation de Fréret, lorsque, dans son admirable grammaire teutonique, il avance comme un fait hors de doute que les langues slaves et lettiques ont plus d'affinité avec le grec que n'en a le gothique.

Mais les langues gothiques offrent en outre des rapports assez remarquables, d'une part avec les débris celtiques conservés par les Armoricains, les Gallois, les Irlandais, les Écossais; d'une autre part avec les langues de l'Asie,

---

(1) OEuvres complettes de Fréret, t. 1, page 291.

particulièrement avec le sanscrit, la langue sacrée de l'Inde.

Il faut donc que toutes les langues de l'Europe aient été versées par l'Asie avec les flots successifs d'une émigration des peuples vers l'Occident : une première colonie aura été poussée ou recouverte par une seconde, celle-ci par une troisième, et ainsi des autres.

Une conséquence qui résulte naturellement de tous ces faits, c'est que les langues gothiques, de même que les langues slaves et celtiques ont existé en Europe avant les premiers temps historiques, et qu'elles précédèrent la naissance de la civilisation grecque. Nous croyons en outre pouvoir inférer des rapports démontrés du grec et du latin avec les idiômes slaves et gothiques, que les peuples primitifs de l'Italie et de la Grèce appartenaient aux races gothiques et esclavonnes, qui devaient peupler les deux péninsules aussi bien que le vaste continent auquel elles se rattachent. Ces peuplades ont été nommées « autochthones » par les Grecs, « aborigènes » par les Italiens, qui se dispensèrent, en les considérant comme une production naturelle du sol, de chercher une autre explication à leur présence, antérieure à toute tradition, en ces contrées. Les poètes, dans leur langage hyperbolique, nous ont représenté ces prétendus indigènes comme ayant vécu à l'état sauvage, et sans autre abri que les forêts, dont les glands suffisaient à leur nourriture. Mais ces barbares, pour avoir changé de formes sous l'influence des colonies égyptiennes et phéniciennes, n'en demeurèrent pas moins la base de la population grecque.

Ils furent sans doute les animaux féroces qu'apprivoisa la lyre d'Orphée ou de Linus, et les agents spontanés qui bâtirent les murs de Thèbes aux accords d'Amphion. La conquête fut toute pacifique et toute bienfaisante : Inacchus, Danaüs, Cécrops, Cadmus, apportèrent avec eux la religion, l'écriture, le sentiment des beaux-arts, et c'est en appelant les premiers habitants du sol au partage de ces trésors, qu'ils les subjuguèrent, ou plutôt qu'ils se les associèrent. Les mystères d'Isis, le culte de Saturne, de Jupiter, de Mercure, d'Hercule, vinrent, du bord du Nil, s'implanter en Grèce sans y faire de martyrs; et les fictions les plus mystiques de l'Égypte furent accueillies avec un enthousiasme naïf qui les revêtit de couleurs poétiques et merveilleuses. La langue, formée sous cette impulsion, élevée par le chant et la poésie, épurée par l'écriture et par l'étude, devint le plus bel idiôme qui jamais ait été parlé, et produisit des chefs-d'œuvre d'harmonie que les siècles ne devaient pas surpasser.

Comment s'étonner après cela que le génie et les traditions de la Grèce se soient rattachés uniquement à l'arrivée des étrangers? Hors de là, l'ignorance couvrait tout de son voile et condamnait à l'oubli l'histoire des Autochthones. Les étrangers seuls semblaient avoir une patrie et un passé. Leurs fictions, quoique venues de seconde et de troisième main, formèrent les croyances des Grecs ; et, sur la foi de leurs instituteurs, les Hellènes crurent distinguer dans le ciel les images de Céphée, de Cassiopée, de Persée, d'Andromède, princes et princesses d'Éthiopie, qui vraisemblablement avaient reçu leur apothéose dans les hautes régions du Nil avant que d'être honorés en Égypte et en Grèce.

Mais la science moderne a pu analyser tous ces éléments venus de si loin, et assigner à chacun d'eux son origine. Dupuis a retrouvé chez les Grecs presque toute la religion des Égyptiens, des Éthiopiens, des Lybiens (1). Bailly y a revu des traditions astronomiques qui avaient déjà passé chez les peuples civilisés d'une plus haute antiquité (2) : Il nous rappelle que Philon de Biblos reprochait aux Grecs d'avoir traduit en froides allégories l'histoire des divinités qu'on adorait ailleurs (3). Enfin, les philologues ont reconnu, en Grèce, les langues des Goths et des Slaves, modifiées par une influence phénicienne ou hébraïque. Les Autochthones, en effet, durent fournir la base et les matériaux du langage, tandis que les étrangers, qui étaient en plus petit nombre, mais qui surpassaient les naturels en intelligence et en énergie, donnèrent la forme. La Grèce, en un mot, fut un sol européen qui reçut une culture asiatique.

Il en fut ainsi de l'Italie, à qui la Grèce communiqua sa propre impulsion.

La civilisation grecque et romaine, dont la source découlait des bords du Nil et du pied du Liban, répandit au loin son influence dans la partie méridionale de l'Europe. Rome, si puissante par ses armes, avait placé ses lumières sous les auspices du génie de la Grèce. Elle étendit, avec ses conquêtes, le goût des études grecques et l'obligation de parler latin. Dans tout le cercle de sa domination, les langues nationales furent dénaturées ;

---

(1) Mémoires sur les Pélages, par Dupuis. Mémoires de l'Institut. Littérature et arts, t. 2 et 3.

(2) Hist. de l'Astronomie ancienne, in-4°, pages 100, 105.

(3) *Ib.*, page 291.

les langues slaves et gothiques, au midi du Danube, furent confondues, témoin l'idiôme actuel des Valaques, qui est devenu tout latin par suite des colonies militaires établies par les Romains en ces contrées. La langue des Celtes fut effacée de la Gaule, et reléguée aux plus farouches peuplades des îles britanniques. Enfin, l'on peut dire que l'invasion des peuples gothiques, au cinquième siècle, n'a pas même formé une réaction proportionnelle à l'extinction que Rome avait produite parmi les langues primitives de l'Europe.

Mais revenons maintenant aux races gothiques, et voyons comment leur existence, auparavant presque inconnue, se révéla tout à coup à l'Europe par un mouvement si formidable; comment elles substituèrent partout leurs colonies aux proconsulats de l'empire d'Occident.

Les Goths proprement dits étaient les anciens Scandinaves (1). Mais les Scandinaves et les Germains ayant à peu près parlé la même langue et professé les mêmes mœurs, on doit en conclure qu'ils formaient une même race, race existant en Europe de toute antiquité historique, et que l'on peut diviser en Gotho-Scandinave et en Gotho-Germanique.

Les migrations des Goths donnèrent tant d'importance à leur nom, que celui-ci s'étendit à toute la race, au nord et au sud de la Baltique. Vers le même temps, une

---

(1) Les Goths sont appelés par les historiens latins *Gothi*; les anciennes poésies islandaises les appellent *Gothar*; les poésies anglo-saxonnes, *Geata*; la trace de leur nom se retrouve dans celui du district de la Suède *Gothland*, et de la province danoise *Jutland*.

tribu, nommée par Jornandès *Sclavini*, donna son nom, c'est-à-dire, celui de *Slaves* ou d'Esclavons (1), à la race représentée anciennement par une multitude confuse de peuples appelés Sarmates, Gètes, Daces, Scythes, etc.

Si nous devons admettre avec Snorre, dont l'opinion a été admise par Thormund Torphéus, historien danois du 17e siècle; par Mallet, et par d'autres savants du Danemark et de la Suède, que la migration d'Odin et des Ases en Scandinavie ne date que de l'an 70 avant notre ère, nous en conclurons que les émigrations gothiques durent être fomentées par l'exaltation religieuse et guerrière qu'imprima aux peuples de ces contrées le règne d'Odin. Ce conquérant prophète aurait été, dit-on, contraint, par les victoires que Pompée remporta sur Mithridate et ses alliés, de fuir la cité d'Asgard (2) et les bords du Palus-Méotide; puis s'étant dirigé vers le nord, il aurait conquis, chemin faisant, la Germanie et le Danemark, puis il

---

(1) Ce nom de Slaves ou d'Esclavons signifie *les illustres*. Il est formé d'un mot de leur langue (slava), qui veut dire *gloire*. Et c'est de là que presque tous les peuples germaniques ont formé le mot esclave !

Sic transit gloria mundi.

(2) Les Goths-Scandinaves regardaient comme leurs fondateurs et comme leurs ancêtres, cette nation d'Ases émigrée sous la conduite d'Odin. Le nom de *Ase* signifie *Dieu*, et peut-être même le nom de *Goth*, qui semble avoir le même sens, ne fut-il qu'une traduction de Ase. Les érudits scandinaves pensent que l'*Asie* a reçu son nom des *Ases*; que le Caucase doit le sien à ce même peuple (avec le mot indien *Kauh*, montagne), et que *Asgard*, qui signifie la terre ou la ville des *Ases*, se reconnaît dans le nom de la ville d'Asof, qu'il faudrait écrire *As-hof*, la cour, le palais des Ases ou des Dieux.

(Voir l'Introduction à l'histoire de Danemark, par Mallet.)

aurait fixé en Suède le siége de son empire. Les traditions nous le représentent comme l'instituteur de la religion, de la magie, des runes et de la poésie. Il aurait, selon Rask (1), apporté de l'Asie dans le nord de l'Europe des mystères empruntés au culte de Boudda, et le goût de la poésie orientale. La religion qu'il établit, ou du moins celle qui naquit de ses réformes politiques et religieuses, se développa en un système de mythes aussi étendu et presque aussi poétique que celui de la Grèce.

C'est en effet à partir de l'époque d'Odin, ainsi déterminée, que l'on voit les Scandinaves, enthousiasmés par les chants de leurs poésies hyperboliques, par leur amour du pillage et des expéditions lointaines, se répandre au dehors, soit en corps de nation, cherchant une nouvelle patrie; soit en pirates audacieux, courant les aventures pour satisfaire à leurs préjugés nationaux, dans lesquels la poésie et la férocité se réunissaient pour exiger qu'un guerrier pût se vanter en toute occasion d'avoir préparé d'amples festins aux loups et aux vautours.

Toutefois, nous devons déclarer que nous éprouvons quelque hésitation à admettre une époque aussi récente que celle indiquée ci-dessus pour l'arrivée d'Odin en Scandinavie. L'histoire de ce mystérieux personnage est entourée de ténèbres qui semblent indiquer une antiquité beaucoup plus reculée. Il est peu vraisemblable que le fabuleux édifice de la religion qui lui est attribuée, que la poésie, que les institutions nationales aient reçu leur immense développement dans le court espace de 270 ans

---

(1) Gramm. ang.-sax., préface.

qui sépare le règne d'Odin d'avec les premières migrations gothiques vers le midi de l'Europe. De si grands résultats semblent demander beaucoup plus de temps. « La tra» dition, dit Bailly, grossit en roulant à travers les siè» cles; elle se charge et s'enveloppe de fables; mais toute » enveloppe a un noyau, et ce noyau, c'est la vérité his» torique. » L'histoire d'Odin, qui est ici le noyau, nous paraît trop problématique et trop profondément enveloppée, pour être placée si près du jour où l'histoire a succédé à la fable. Puis, comment se fait-il qu'une révolution aussi importante ait échappé aux excellentes informations de Tacite, qui écrivit seulement cent vingt ans après, et qui n'en a pas parlé ? Comment ces Ases, si remarquables par leur culte et par leurs mœurs, auraient-ils été inconnus des géographes latins au temps de Pompée ? Comment enfin une religion si prodigieuse par ses conceptions, par ses mythes, ses poésies, et par l'élan et l'enthousiasme qu'elle produisit, se serait-elle, dans un aussi court espace, formée, développée, puis mûrie et affaissée au point de disparaître sans combat au premier contact avec le christianisme, qui était la religion des vaincus ? Tant de puissance religieuse paraît incompatible avec si peu de durée. Il a fallu des siècles pour créer la religion des Goths, il a fallu bien des années de décadence pour en préparer la chute.

Or, ne serait-il pas plus rationnel de reporter, à l'exemple de Saxon le grammairien, l'expédition d'Odin vers 600 ans avant J.-C. Cette époque aurait l'avantage de coïncider avec celle indiquée par Fréret, pour la migration des Cimmériens, vers le nord de l'Europe. Ces derniers partirent, comme Odin, des bords de la Mer-

Noire et du Palus-Méotide, et vinrent, comme lui, s'établir sur le territoire actuel du Danemark qui, d'après leur nom, s'appela Cimbrie. Les Cimmériens, qui disparaissent dans l'histoire grecque, peuvent bien être les Ases de la tradition gothique. On peut attribuer également à l'invasion des Cimmériens ou à celle d'Odin la nuance esclavonne qui existe dans la langue scandinave, et qui la distingue des idiômes teutoniques. Enfin, l'on se demande si, pour déterminer la fuite d'Odin et des Ases, le joug des Romains était plus dur que celui de Mithridate, ce chef qui épuisa toutes les ressources de ses alliés pour soutenir sa querelle. Du reste, c'est avec doute que nous présentons ces observations, et nous n'entendons pas les opposer d'une manière absolue à un système adopté en Suède et en Danemark par de savants antiquaires, chez lesquels on ne peut mettre en doute ni la profondeur du savoir, ni la conscience littéraire.

La première migration gothique (en ne parlant pas de celle des Cimbres et des Teutons, qui aurait eu lieu au temps même d'Odin, selon la chronologie de Snorre), doit avoir traversé la Baltique, d'après le calcul de Fréret, vers l'an 200 de notre ère. Au rapport de Jornandès, les Goths sortirent de la Scandinavie sous la conduite d'un chef nommé Berig. Ils abordèrent chez les Rugiens, peuples de la Poméranie, qui ont laissé leur nom à l'île de Rügen. Ils combattirent les Vandales, qui habitaient près de là, et après les avoir vaincus et s'en être incorporé une partie, ils passèrent la Vistule qui, dit Jornandès, séparait les Germains d'avec les Scythes. Ils traversèrent toute la Scythie européenne, et ils allèrent s'établir au nord du Pont-Euxin, dans la Chersonnèse-Taurique, où ils ont conservé, dit Fréret, leur nom et leur langue jusqu'à nos jours. Pendant leur station au bord de la Mer-Noire, ils se divisèrent en Goths orientaux ou *Ostro-Goths*, qui furent gouvernés par la dynastie des Amales; et en Goths occidentaux ou *Wisi-Goths.* Ceux-ci obéirent à la famille des Balthes ou Baldes. Ce fut de cette position qu'ils attaquèrent l'Empire, en remontant le cours du Danube. Jornandès fixe leur première agression au règne de Domitien. Rome, accoutumée à combattre, même au milieu de sa décadence, résista d'abord au torrent, quoique avec des fortunes diverses. Mais la réputation des Goths attira dans leur ligue une foule de Germains, et dès que Rome commença à fléchir ou à transiger, toutes les nations scandinaves et teutonnes s'agitèrent à la fois sur les deux rives de la Baltique, et assaillirent les frontières septentrionales. Les empereurs Constantin et Julien les réprimèrent par leurs armes puissantes; mais après eux, le torrent gothique déborda de tous côtés.

Alaric, roi des Visigoths, entra en Italie, prit Rome deux fois, et vint mourir à Consentium, où ses soldats lui creusèrent un tombeau dans le lit même du fleuve Busentinus, qu'ils avaient momentanément détourné à cet effet. Ces mêmes Visigoths, commandés par Ataulfe, sortirent de l'Italie et allèrent fonder le royaume des Visigoths d'Aquitaine et d'Espagne. C'est cet empire, qui, repoussé de la Gaule par la victoire que Clovis remporta sur Alaric II, et qui, presque effacé de l'Epagne par l'invasion des Maures et par les suites terribles de la bataille de Jerès, renaquit de sa cendre pour fonder les monarchies de la péninsule ibérique.

D'autres Visigoths, qui étaient restés sur le Pont-Euxin, furent chassés de leur territoire par les Huns. L'empereur Valens, sur la demande de leur évêque Ulfilas, qui professait, comme lui, l'arianisme, les mit en possession de la Mœsie en 376. Ces mêmes Goths, deux ans plus tard, accablèrent Valens à la bataille d'Andrinople, et, l'ayant trouvé blessé après le combat, ils le transportèrent dans une chaumière où ils le brûlèrent vif. Ils étaient connus alors sous le nom de *Gothi minores;* c'est eux qu'Ulfilas a illustrés aux yeux des philologues sous le nom de Mœso-Goths, par la traduction qu'il a laissée en leur langue des quatre Évangiles, monument le plus durable de l'existence, d'ailleurs éphémère dans l'histoire, de ces ingrats vainqueurs de Valens.

Les Ostrogoths, auparavant campés à Vérone, se portèrent en avant sous le grand Théodoric, et prirent Rome sur les Hérules. Ils succombèrent plus tard sous les armes de Bélisaire. L'histoire doit regretter les victoires de ce dernier; elles détruisirent en Italie et en Afrique de solides fondations gothiques, qui eussent donné à l'Italie l'unité, à l'Afrique un rempart contre la barbarie musulmane, et une sauve-garde de plus à l'Europe chrétienne.

Cependant, les Suèves, les Vandales, les Burgondes, sortis de la Germanie, et suivis des Alains, peuple slave, se jetèrent sur la Gaule, où les Burgondes se fixèrent. Le reste passa en Espagne et se fondit sous la domination des Visigoths, après que les Vandales, conduits par Genseric, furent allés s'établir en Afrique.

Les Hérules, venus en ligne droite de la Scandinavie, furent ceux qui portèrent le dernier coup à l'empire d'Occident. Les Francs s'emparèrent de la Gaule, les Lombards de l'Italie, les Angles et les Saxons de la Grande-Bretagne.

C'est ainsi que l'invasion septentrionale substitua les royaumes gothiques à la monarchie romaine. La violence de la conquête fut partout adoucie par le christianisme, qu'embrassèrent les vainqueurs. Ce changement de foi opéra une sorte de transaction qui rendit une certaine importance aux vaincus; eux seuls possédaient les secrets de la nouvelle croyance, et leur langue devint indispensable pour en révéler les mystères et en pratiquer le culte. Cette langue, qui se pliait si admirablement sous la parole, qui se fixait par l'écriture, parut, comme nous l'avons dit, merveilleuse pour inscrire les lois; elle devint aussitôt la langue politique des gouvernants.

Nous ne connaissons positivement de langues gothiques que celles qui, après l'introduction du christianisme, ont employé les lettres grecques ou latines, et qui, par ce moyen, ont fait parvenir leurs œuvres à la postérité. La Scandinavie avait, il est vrai, ses *runes*, dont elle attribuait l'invention à Odin, mais elle en avait peu tiré parti pour ses compositions littéraires. Ces caractères étaient voués particulièrement à la magie, et leur connaissance était le secret d'un petit nombre. Ils se gravaient sur la pierre, ou se traçaient sur un bâton de hêtre (1); mais ils ne furent pas appliqués à la rédaction

(1) C'est de là que, selon Olaüs Wormius, une lettre, un caractère alpabétique s'appelle, dans tout le Nord, du même mot qui signifie un bâton de hêtre, ALL. Buchstab; DAN. Bogstav; SU. Bocstaf; en anglais, staff signifie à la fois un *bâton* et une *inscription*. C'est de là que livre (volume) se dit en all. *Buch*, en ang. *Book*, en dan. *Bog*,

des ouvrages de longue haleine, et leur usage a peu contribué au développement de la langue scandinave.

Les langues gothiques se divisent en gotho-scandinaves et en gotho-germaniques. Le gotho-scandinave se composait anciennement d'une seule langue, nommée langue du Nord « Norræna tunga » : c'est ce qu'on appelle aujourd'hui l'islandais, parce que l'Islande seule a conservé la tradition de cette langue. Les langues gotho-germaniques se partagent en haut et bas-allemand; le haut-allemand comprenait le mœso-gothique, l'allemanique, le francique; les dialectes du bas-allemand se composaient de l'ancien saxon, de l'anglo-saxon et du frison.

L'islandais est le plus curieux, le plus poétique, le mieux conservé et le plus riche en traditions nationales de tous les idiômes gothiques. Il offre l'exemple remarquable d'une langue parvenue à un haut degré de culture

---

en suéd. *Boc*, mots dont nous avons formé en français *Bouquin*, vieux livre.

Dans l'islandais, qui est en quelque sorte la langue gothique originale, *Bok* signifie à la fois un *hêtre* et un *livre* : ainsi ce vers du Brynhildar Quida (ch. 1, str. XIX.),

That ero *bok*-runar,

a été rendu en latin, par les traducteurs de Copenhague :

Hi sunt *librarii* characteres,
(*Ce sont les lettres du livre.*)

et en français, par Mlle du Puget, traducteur des Eddas,

Ce sont les runes du *hêtre*.

L'une et l'autre version est admissible; celle-ci a choisi le sens primitif, celle-là le sens secondaire.

sans le concours des lettres, car avant la rédaction du recueil connu sous le nom d'*Edda-Sœmundar*, lequel date du 12e siècle, les poésies scandinaves, qui étaient fort nombreuses, ne reposaient que sur la mémoire des hommes, et l'on peut dire que la littérature entière était inédite.

Le plus grand avantage que possède l'islandais sur les autres idiômes gothiques, c'est de nous avoir été transmis à l'état de langue payenne, et de renfermer, en conséquence, la religion, la théogonie, les traditions historiques et nationales les plus anciennes des peuples gothiques. Or, tandis que les langues teutoniques nous ont principalement légué des œuvres composées dans les cloîtres, et analogues à celles qui, vers la même époque, s'écrivaient en latin dans toute l'Europe, le *Norræna tunga* nous est parvenu tout empreint des inspirations d'Odin, des Elfes et des Valkyries. Sa poésie était tellement liée à cette mythologie que, même après l'introduction du christianisme, elle ne put s'en séparer. L'éclat que produisit cette langue, l'enthousiasme de ses mythes, étendirent au loin son influence. De la Scandinavie, qui était son sol natal, elle fut portée en Islande par les premiers émigrants qui peuplèrent cette île au dixième siècle. Ce fut sur cette terre, où le feu des volcans lutte en vain contre la glace polaire, que le scandinave reçut son plus beau développement. Un nombre infini de *scaldes* le modula en plus de cent rythmes divers, et produisit une étonnante série de poêmes, dont les écrivains (rédacteurs ou copistes) ne nous ont transmis qu'une très-faible partie. Toute l'histoire, toutes les idées morales et religieuses de ces peuples furent célébrées en vers.

Mais après la mort de Canut le Grand, le vaste empire, que ce conquérant avait réuni par la violence, tendit à se dissoudre en Scandinavie. Des révoltes multipliées, des guerres civiles prolongées pendant plusieurs siècles, fanèrent cette fleur de civilisation et de poésie qui avait brillé d'un éclat si beau au sein même de la barbarie et de la férocité. L'effet de la perturbation apportée par les guerres civiles fut de diviser l'ancien scandinave en plusieurs dialectes; le suédois, le danois, le norwégien, sont les débris diversement réformés du *norræna*. L'Islande seule a conservé l'idiôme original, mais à l'état populaire, et tel qu'il pouvait être perpétué sans le secours de l'étude et de la poésie.

La Scandinavie aurait perdu tout souvenir de son ancienne gloire, si l'Islande, sa brillante colonie, ne lui eût remis après la confusion du moyen âge et sa langue et sa poésie primitives, et même de précieux monuments, qui, élevés sur le sol scandinave, en eussent été effacés pour toujours sans l'asile bienfaisant qu'ils avaient reçu en Islande.

Nous nous sommes étendus sur cette langue remarquable, parce qu'elle est la plus complette, la plus profondément nationale des langues gothiques. Elle est la seule qui contienne les traditions du paganisme des Goths. Les autres, qui sont les langues teutoniques, n'ont guère été écrites que sous l'influence du christianisme; elles sont toutes chrétiennes, et ne conservent que bien peu de traditions gothiques. Leur intérêt est purement philologique, et il ne faut pas leur demander d'archives antérieures à la conversion. Toute l'existence précédente des peuples qui les parlèrent, ressemble à une vie d'enfant, dont le souvenir est confus ou effacé. Leur mémoire ne peut se reporter au delà du christianisme.

Tel est le caractère de toutes les langues germaniques. Parmi celles-ci, la mœso-gothique, qui est la plus ancienne, ne nous est connue que par les fragments qui nous restent de la traduction des Écritures par Ulfilas. Cet idiôme se distingue particulièrement des autres dialectes gothiques par ses caractères graphiques, qui, au lieu d'être empruntés du latin, sont un assemblage de lettres grecques, latines et runiques, parmi lesquelles les premières dominent.

L'ancien haut-allemand contient encore l'allemanique et le francique, deux dialectes que les philologues confondent quelquefois sous le nom commun d'ancien allemand (alt-deutsch).

L'allemanique fut parlé sur le territoire de la ligue des Allemands, en Souabe. Quant au francique, il faut observer que cet idiôme a subi une migration de la basse vers la haute Allemagne. En effet, les premiers Francs l'apportèrent du pays compris entre les bouches du Rhin et celles du Weser, où il semble avoir pris naissance aux mêmes sources que le frison et l'anglo-saxon, deux dialectes appartenant au bas-allemand. Puis après le partage de l'empire de Charlemagne, l'influence de la langue latine ayant repris le dessus dans la Gaule, le francique ne se parla plus qu'au-delà du Rhin, dans la Bavière e la Souabe.

Il est à regretter que cet idiôme de nos fondateurs ai toujours cédé le pas au latin dans les actes publics, dan les chroniques, dans toute pièce littéraire importante. I ne fut guère employé qu'à traduire des pièces ou de gloses religieuses. Toujours dominé par le latin, il n'eut qu'une existence précaire, et il finit par déserter la France, pour aller se confondre dans les dialectes de la haute Allemagne.

Plus heureux que le francique, l'anglo-saxon, formé après l'invasion de la Grande-Bretagne par le mélange des dialectes angle, jute, saxon, acquit de la consistance. La conversion d'Ethelbert, roi de Kent, qui eut lieu en 598, introduisit chez les Anglo-Saxons l'usage, non-seulement d'écrire en latin, mais encore d'appliquer à leur propre langue les caractères romains. Cette innovation développa rapidement les ressources de l'anglo-saxon; elle lui donna l'aspect d'un idiôme de formation récente et né au sein du christianisme. Toutes les antiques traditions, tous les antécédents payens furent perdus de vue. Aussi l'anglo-saxon, écrit presque toujours dans les cloîtres, ne présente-t-il que des poëmes bibliques, des hymnes, des homélies, des pièces émanées des mœurs monastiques de cette époque. Il en faut excepter le poëme intitulé : *Beowulf*, dont la composition remonte évidemment à une époque antérieure non seulement à la conversion; mais même à l'émigration de ces peuples, car la scène se passe en Danemarck, et les mœurs en sont payennes, sauf les corrections et les anachronismes de toute sorte qu'y ont apportés tardivement les rédacteurs chrétiens de ce vieux *Barditus*. Cet ouvrage est, selon Rask, le plus important de la langue anglo-saxonne, à la fois sous le rapport du sujet et du style. Après Beowulf, il faut placer la Paraphrase métrique de l'Écriture, par Cœdmon. Ce moine a été quelquefois heureusement inspiré, et sa lecture, peut-être, ne fut pas étrangère aux créations de Milton.

L'anglo-saxon a légué en outre une foule de productions en vers et en prose. La plupart des rois de l'heptarchie publièrent leurs lois dans la langue nationale. L'Écriture sainte y fut traduite. Un vaste recueil compilé de divers côtés, forme une histoire assez suivie des Anglo-Saxons. Mais le plus complet et le plus pur des prosateurs anglo-saxons fut le vénérable roi Alfred, qui, après avoir reconquis son trône sur les Danois, et après avoir délivré son peuple de la présence de ces cruels déprédateurs, s'occupa à rédiger de sages lois; et s'efforça de répandre les lumières, en composant lui-même des livres d'histoire et de philosophie pour l'enseignement de ses sujets.

L'anglo-saxon fut cultivé de la sorte pendant environ cinq siècles, depuis la conversion d'Ethelbert jusqu'au règne de Guillaume le Conquérant. Sous ce monarque, le français ayant été substitué à l'ancienne langue, celle-ci tomba rapidement en un dialecte inculte; cependant sa vitalité nationale ayant fini par l'emporter, ses éléments forment aujourdhui les quatre cinquièmes de la langue anglaise.

Les détails que nous venons de donner sur l'anglo-saxon nous dispenseront de nous étendre sur d'autres langues germaniques moins importantes, comme le frison, l'ancien-saxon, l'allemanique; ces dialectes offrent entre eux des nuances diverses, qui toutes se sont fondues dans la composition définitive de l'allemand moderne.

Toutes ces langues parcoururent une période pendant laquelle elles acquirent de la régularité, et brillèrent d'un certain lustre; puis elles se corrompirent par suite des désastres politiques et des guerres terribles qui signalèrent le milieu du moyen âge. Toutes subirent un temps de trouble et d'obscurcissement plus ou moins profond, plus ou moins prolongé, jusque vers le temps de la réforme, époque où leurs anciens éléments, reproduits dans des conditions nouvelles, commencèrent à jeter un éclat plus pur et plus stable.

L'étude comparée de ces anciens dialectes est donc du plus haut intérêt pour reconnaître, dans les idiômes modernes, les traces des anciennes langues en général, et celles des langues gothiques en particulier.

Mais, pour pénétrer avec fruit dans ce labyrinthe, il faut surtout se rattacher à deux fils qui offrent plus de consistance que les autres ; le premier est l'islandais pour les souvenirs nationaux, pour la poésie, et pour toutes les allusions mythologiques, dont on ne retrouve la base que dans ce dialecte, mais dont les vestiges isolés et détachés se rencontrent néanmoins dans les autres. Le second est l'anglo-saxon, langue la plus importante et la mieux conservée du groupe teutonique. Or, cette langue était très-voisine du francique, qui avait pris, comme elle, son origine sur les bords de l'Océan germanique. Dans l'insuffisance du francique, qui ne nous a légué que des fragments, nous ne pouvons nous adresser plus directement et plus utilement qu'au scandinave et à l'anglo-saxon, pour reconnaître les origines gothiques de notre langue.

DEUXIÈME PARTIE.

Des origines gothiques de la langue française.

.... in the deep school of teutonic philology, the sound ironbound system of comparative etymology.......

KEMBLE (*Preface of Beowulf*, p. XXVIII).

§ Ier *Étymologies.*

La langue française est presque toute composée de débris latins. Cependant, l'idiôme des Francs y a laissé de nombreuses traces de son ancienne domination. Nos étymologies latines ont été recherchées avec soin. Nos origines gothiques ont été recueillies aussi quelquefois, mais presque toujours sur l'indication des auteurs étrangers ; car, c'est en feuilletant les glossaires de Spelman, de Skinner, de Somner, et surtout celui de Wachter, que le savant Ducange, et que Jault, l'habile éditeur de Ménage en 1750, ont transporté en France les découvertes de ces savants, qui étaient susceptibles d'être rattachées à notre langue. Le travail de Jault, en particulier, a été fait tout entier d'après le *Glossarium germanicum* de Wachter. Il est du reste aussi complet et aussi heureusement exécuté qu'on pouvait l'attendre d'une méthode aussi imparfaite, où les aperçus n'arrivent que de seconde main. Cependant les observations de Jault, qui sont consignées dans Ménage à la suite de chaque article, u'ont pas toujours obtenu la confiance ou l'attention dont elles étaient dignes. Ainsi, tandis que cet auteur a signalé les origines gothiques de *rime*, de *lamproie*, de *perle*, les dictionnaires modernes ont continué de dériver ces expressions de ρυθμος, de *lambere petram*, de *pyrula*.

Un procédé vicieux, employé fréquemment par nos étymologistes, est de tirer de l'allemand ou de l'anglais des mots qui sont aussi anciens dans le français que dans ces deux langues. Le français, dans ses rapports gothiques, ne vient ni de l'allemand ni de l'anglais; il est leur contemporain et leur parallèle. Il a puisé ses mots gothiques aux mêmes sources qu'eux, et ces mots sont aussi originaux chez lui que dans ces deux idiômes. On a même été jusqu'à demander à l'espagnol ou à l'italien l'explication de mots français qui ne sont autres que des mots gothiques. Du reste, la cause de cette singulière méprise est facile à reconnaître; c'est que tout mot gothique, resté dans le français, s'est également fixé en Espagne et en Italie. C'est un fait que nous constaterons dans le petit nombre d'étymologies que nous allons donner, sans que nous puissions apercevoir quelle a été la cause de cette singulière simultanéité.

Il faut remarquer que presque tout mot de la basse-latinité, usité au moyen âge, a sa vraie origine dans le gothique.

Le caractère, la signification primitive et la nationalité d'un mot gothique, sont toujours faciles à déterminer, par le rapprochement des divers dialectes dans lesquels ce mot doit coexister avec de légères déviations en la forme. Cet ensemble ôte toute incertitude à l'étymologie d'un mot gothique : c'est là le *vrai système à réseaux de fer*, dont parle M. Kemble. « The sound iron-bound system of comparative etymology. »

ACHETER, anc. ACHEPTER. Les vains efforts faits jusqu'ici pour trouver l'origine de ce mot, m'autorisent à penser qu'il a sa source dans le mot gothique suivant, qui a la même signification. *Islandais*, kaupa; *mæso-gothique*, kaupon; *anglo-saxon*, copan, cypan, ceapan; *hollandais*, kopen; *suéd.*, kœpa; *dan.*, kiœbe; *anglais*, to cheapen. *Ancien anglais*, to chop; *allemand*, kauffen. *Achepter*, a été formé de ces mots divers par l'adjonction initiale de *a*, comme *effroi* a été formé de *fyrht*, *ferht* ou *fright*, par l'adjonction initiale de *e*.

ALÊNE. *Isl.*, alr (1); a.-s., al, eal; an, awl; all., ahle. Et la source de ces mots est dans le mot gothique *al*, qui signifie *aiguille*.

Esp., alesna; ital., lesina.

AMBASSADEUR. Ce titre, aujourd'hui si brillant, a une origine bien ancienne et bien humble; il est à la fois celtique et gothique. Les *ambacti*, selon César, Ennius, etc., étaient chez les Gaulois des pages ou des clients attachés au service des hommes puissants. L'ancien mot allemand *ambaht*, qui désignait un homme d'affaires, un intendant ou un serviteur, correspond parfaitement au gaulois *ambactus*. Enfin toutes les langues gothiques

---

(1) Alr, le *r* final n'et pas *essentiel* dans les substantifs islandais; c'est une simple désinence, qui marque le nominatif singulier de la 2e et de la 3e déclinaisons des noms masculins; elle disparaît ou elle change aux autres cas.

contiennent le même mot, mais avec la simple signification d'*esclave*. Isl., ambatt; m.-g., andbahts; a.-s., ambiht; dan., ambede; su., ambete. L'italien en a fait *ambasciatore*, et l'espagnol, *embaxador*. La loi des Bourguignons, art. 17, a consacré, dit Ménage, le mot *ambascia*, pour service. Les expressions *ambaxatores*, *ambaxiatores*, continue le même auteur, se trouvent pour la première fois, sans doute, dans les lettres de Pierre des Vignes, chancelier de Frédéric II, en 1245.

BAGUE (BAGAGE, BAGATELLE), se disait en islandais, baugr; en a.-s., beag, beah, mots qui ont leur racine dans le verbe isl. biuga; ang.-sax., bogan, *plier, courber en arc ou en cercle.* Le sens de *bague*, dans l'idée gothique, comprenait non-seulement les anneaux des doigts, mais les bracelets, les colliers, etc. Ces sortes de bijoux étaient fort en vogue chez les guerriers du Nord. Tacite mentionne, à cet égard, le goût des Germains (Germ. XV). Dans le fragment anglo-saxon intitulé : *La mort de Byrthnot*, le héros est sommé de rendre ses bagues dans les termes suivants :

Me sendon to the	Ils m'ont envoyé vers toi
Sæmen snelle	Les hommes de la mer intrépides,
Heton the secgan	Me commandant de te dire
Thœt thu most sendon rathe	Que tu dois envoyer sur-le-champ
Beagas with gebeorge.	Tes *bagues* pour ton salut.
And eow betere is	Or il vous sera plus avantageux
Thœt ge thisne gar-rœs	De prévenir notre attaque
Mid gafole forgyldon,	En nous payant ce tribut,
Thonne we swa hearde	Que de provoquer notre colère
…… ulde Dœlon.	Au partage de.... (vos richesses).

Mais peu sensible à la bienveillance du dernier argument, il rangea son armée en bataille, et mourut en combattant au milieu des siens, plutôt que de rendre ses bagues.

Les bagues ayant joué un si grand rôle dans la vie militaire de nos ancêtres gothiques, nous ne devons pas être étonnés d'avoir emprunté de *bague*, le mot *bagage*, pour désigner le matériel accessoire d'une armée, et encore moins d'avoir conservé l'expression *vies et bagues sauves*, pour indiquer qu'une garnison ou un corps d'armée, en capitulant, a gardé ses armes et ses effets principaux.

Baguette et *Bagatelle* sont des diminutifs de *Bague*.

Ital. bagaglio, bagage; bagatella, bagatelle; bacchetta, baguette.

BARQUE, isl., barkr; all., barke; an., bark; slave, barka.

Esp., ital., barca.

Je pense que *barque* a sa racine dans un mot qui signifie *écorce*, et qui se dit en danois et en ang., bark; en isl., bærk.

Le bouleau, arbre dont l'écorce est si apte à faire de légers esquifs, semble appartenir, dans les langues gothiques, à la même racine. All., birke; ang.-sax., birc; isl. et suéd., bioerk. Il semble ainsi, que l'idée de *barque* remonte chez les Goths à celle d'*écorce* ou de *bouleau*. Or, on sait que l'écorce du bouleau suffit pour composer les pirogues du Haut-Canada.

BEDEAU. Wachter, Ihre, et après eux Jault et Raynouard ont fort bien reconnu que ce mot est gothique. All., buttel; angl.-sax., bydel, beadel; angl., beadle;

isl., bodr; tous mots qui signifient proprement messager, *nuntius*, puis huissier, sergent, bedeau.

It., bidello; esp., bedel.

BEFFROI, en anglais, *belfry;* en basse-latinité, *berfredus, belfredus, belfragia.* Remarquons d'abord qu'en anglo-saxon, un clocher se nomme *bel-hus,* c'est-à-dire *maison de la cloche*, et qu'un beffroi proprement dit, ou du moins le son de la cloche du beffroi, est appelé en cette langue, *bel-hringes-beacen*, ce qui doit se traduire par le *phare* ou le *signal du son de la cloche;* car *beacen,* qui représente l'anglais moderne *beacon,* désigne également *un phare* et *un signal.* On voit par les deux mots anglo-saxons ci-dessus, que l'expression *bel*, cloche, entrait, en cette langue, dans la composition des mots qui signifient clocher et beffroi. Nous pouvons maintenant présumer qu'au mot *bel* a été joint le mot *fyrht* ou *ferht,* qui est l'origine et la représentation de l'anglais moderne *fright*, et du français *effroi*, et que *bel-fyrht*, *bel-ferht*, signifiant *cloche d'effroi*, *cloche d'alarme*, a formé le bas-latin *belfredus* ou *belfragia;* l'anglais, *belfry,* et le français, *beffroi.*

BIÈRE (boisson). All. et holl., bier; ang.-sax. et isl., bior; ang., beer. Ces mots me semblent dérivés de l'expression gothique qui signifie *une baie* (fruit). Isl., ber; a.-s., berig; all., beer; ang., berry.

Italien, birra.

BIÈRE (cercueil). L'expression allemande *todten-bahr,* veut dire un brancard ou une civière de mort. Ce mot allemand, *bahr,* correspond à l'a.-s., *ber,* qui signifie un brancard et un lit. La racine de ces mots est : isl., bera; m.-g., bairan; a.-s., beran, *porter.*

En ancien français comme en anglo-saxon, *ber* a signifié *un lit*; il se dit encore en quelques provinces pour berceau, qui en est le dérivé et le diminutif, et qui ne vient pas, comme on l'a cru, de *vacillare*.

BLED. Ménage a fort bien reconnu, d'après Vossius, que *bled* vient du saxon *blad*, ou *blæd*. Mais il faut remarquer que *blæd* signifiait originairement *fruit* et non *froment* ou *bled*. Blæd est du reste le même mot qui signifie aujourd'hui une branche ou une feuille, dans les modernes langues gothiques, all., blatt; hol., suéd., dan., isl., blad.

BORD, extrémité d'une surface, se dit en all., a.-s., ang., suéd., dan., bord; en isl., bard.

Ital., bordo; esp., borde.

L'expression *à bord* (d'un navire) est également commune à toutes les langues gothiques; elle dérive, ainsi que bordage (de navire), du même mot *bord*, qui signifie planche; et le mot *bord*, dans ce dernier sens, a produit l'ancien français *borde*, petite maison, cabane construite en planches.

BOULEVARD, se dit en anglais, bulwark; en all., bollwerk; en dan. et en suéd., bolverk et pælverk, mots qui signifient littéralement *ouvrage en pieux*.

Ital., baluardo; esp., baluarte.

BOUQUETIN. L'ancien français *bouccestain* ou *boucestain*, est une transposition évidente de l'all. stein-bock, *le bouc des pierres*. Cet animal ne se trouve qu'au sommet des rochers.

Suéd., stenbok; dan., stenbuk; a.-s., stanbucca; ital., stambecco.

CAMPAGNE (dans le sens d'expédition militaire),

compagnon, *compugnie*, *ehampion*, sont tous mots de même origine, savoir : campagne se rapporte à l'a.-s., camp, comp, compung; au holl., au dan. et suéd., kamp; à l'all., kampf; tous mots qui signifient combat. — Combattre se disait en a.-s. compian; en anc. all., kœmpan; il se dit en all. kampfen.

Champion doit venir de l'a.-s. cœmpa, *combattant*, *guerrier*, mot qui se retrouve dans l'all. kampe. L'ancien français disait *campion*.

Ital., campione; esp., campeor, campeador.

Compagnon, était en ancien francais, *compaing*. Wachter, cité par Jault, dérive fort bien compagnon ou compaing; de l'ancien allemand *compan*, qui signifiait à la fois *socius* et *pugnator*. Le même auteur fait observer que le mot *companius* se trouve dans la loi salique pour expédition militaire, campagne.

Enfin en islandais *kompanie*, et en hollandais *kompany*, signifient, comme chez nous, société. Hickes dérive directement le français *compagnie* du mot islandais.

L'Ital. dit compagnia et compagno; l'Esp., compania et companero.

CAUCHEMAR, est un mot de la mythologie scandinave, au moins quant à sa dernière partie *mar* ou *mara*, qui signifie un spectre. Pour cauchemar, les anciens Scandinaves disaient *sin-mara*, le spectre des nerfs; les Suédois disent seulement *mara*; les Danois, *mare*. L'anglais *nightmare* veut dire spectre nocturne. — Pourquoi chez nous le mot préfixe *cauche?* — On trouve en vieux français *caucemare* chaucemare, *cauquemare*.

COQ, bien que la plupart des langues gothiques emploient, pour désigner ce volatile domestique, des mots correspondants à l'allemand *hahne;* le mot *coq* vient cependant des dialectes septentrionaux. Il se trouve en a.-s., cocc ; en francique, selon Hickes, coc; en patois jutlandais, selon Malte-Brun, coc; enfin en anglais, cock. Ce mot a produit, selon Rask (1), l'a.-s. cycen, *poulet,* qui est devenu en anglais chicken; en all., kuchlein; en holl., kichel; en suéd., kyckling.

DARD. Isl., dorr, darradr; a.-s., darath, *lance;* suéd., dart, *poignard;* angl., dart; grec, Δορυ.

Esp., dardo.

EAU, Wachter, cité par Jault, dérive ce mot du gothique eà, qui a la même signification. Il faut observer, en outre, que la forme mœso-gothique ehwa coincide avec notre ancien mot *eve,* qui se trouve même quelquefois écrit *eawe, iauve, aau.* (Voir le Glossaire de Roquefort, au mot *eau.*)

EPERVIER ou ESPERVIER, est en a.-s. sper-hafoc; en ang., spar-hawk, ce qui signifie *moineau-faucon.* L'allemand dit sper-ber; l'ancien allemand et le hollandais, sper-wer, où l'on reconnaît parfaitement notre mot *espervier;* sper-wer veut dire *moineau-homme, moineau-guerrier.*

Ital., sparvier; esp., esparavan, breton, sparfell, sparhuer.

ESTRAMAÇON. Ce mot indique une sorte d'épée en usage chez les anciens Francs, et appelée par les historiens latins *scrama-sax.* On y reconnaît aisément les deux mots gothiques «hram-sax» *fort couteau,* et cet aperçu

---

(1) Rask's anglo-saxon Grammar, n° 33.

est mis en évidence par le passage suivant de Grégoire de Tours, racontant le meurtre de Sigebert : « Tùm duo pueri cum *cultris validis* quos vulgò *scrama-saxos* vocant... utràque ei latera feriunt. »

ÉTENDARD ou ESTANDARD. All., standarte ; a.-s. et ang., standard ; holl., standaart ; dan., standart ; suéd., standar.

Ital., standardo ; esp., estandarte.

FOIS. Il est étonnant que tous les étymologistes aient pris le change sur une origine aussi facile à trouver, et surtout qu'ils l'aient cherchée dans le latin *vices*. Pour rencontrer mieux, il suffisait de lire les mots anglais *one fold*, *two fold*, *many fold*, une fois, deux fois, plusieurs fois. Le *fold* anglais se retrouve dans toutes les langues gothiques : a.-s., feald ; isl., falt ; all., fald ; dan., fold. Or, tous ces mots renferment le sens de *pli*, et c'est comme si l'on disait : *premier pli*, *second pli*, *troisième pli*. Car *pli* est en isl., falte ; ang.-sax., feald ; ang. et dan., fold ; etc. Remarquez en outre que ces derniers mots ne sont pas sans analogie de forme et de sens avec les mots latins *volutatio*, *volutus* ; et par conséquent avec les mots français *révolution*, *volte* ; et qu'en définitive ils se rapprochent, par le sens, du latin *vices*.

FRAYEUR, effroi, effrayer, affreux. Ces mots viennent tous de l'a.-s. fyrht, ferht, feorht ; d'où sont venus l'ang., fright ; l'all., furcht, *effroi*, *frayeur* ; aussi bien que le verbe et le substantif anglais fear, *craindre*, *crainte*.

GABELLE. Le francique gabel, qui correspond à l'anglo-saxon gafel, gafol, signifie *un tribut*, *une contribution*. La racine de ces mots est, en francique, gaba ; en a.-s., geaf, *don*, *présent*.

GARS, garçon, jars, garou. Gars est formé du gothique *war*, par la conversion de w en g, comme la chose a lieu de *Wilhem* à *Guillaume*, et de *Walther* à *Gauthier*. Ce mot war, wær, ver, signifie homme dans tous les dialectes gothiques, et correspond au latin *vir*. Il est évident que *garçon* est le diminutif de *gars*.

Le mot jars, désignant le mâle de l'oie, est formé de gars, par l'adoucissement de g en j, comme la chose a lieu dans le mot patois *geau*, formé de *gallus*, comme dans *Geoffroi*, *Jouffroi*, noms propres dérivés de *Godefroi*; et dans *jardin*, venu de *garten*.

Loup-garou, ou simplement garou, se dit en all. warwolf; en ang.-sax., wær-wulf; en suéd., war-ulf. Ces mots signfient *homme-loup*, ou mieux, *gars-loup*, dont *gar-ou* est une contraction. Gr. λυκανθρωπος.

GONFANON. A.-s., guth-fana; isl., gunn-fana (gunn, *guerre*; fana, *drapeau*.)

GRIMACE, se grimer. En islandais « grima », signifie proprement *un masque*. *Grimace* est une altération du visage équivalente à un masque. En a.-s. « grima » désigne un sorcier, un homme à plusieurs faces.

HALER, tirer à force de bras, (a dû signifier autrefois *tirer d'un mauvais pas*, *sauver*, comme l'indique le patois poitevin, qui est un curieux glossaire du vieux langage).

Et HÊLER, appeler un navire. (An. to hail.)

Ces deux expressions ont une commune origine dans le verbe a.-s. halian ou hælian, qui signifie à la fois *sauver* et *saluer*, et qui a sa racine dans le mot hal, *santé*, *salut*, *guérison*, *conservation*; ainsi *haler* doit se rattacher à l'idée de *sauver*, et *hêler* à celle de *saluer*.

JAVELOT, javeline, gaffe, gibet. Javelot vient de

l'a-s., gafeloc, qui signifie *un dard à fourchette ou à crochet*; gafeloc a sa racine dans gafel, qui signifie *fourche*, et qui a fourni à nos mariniers le mot *gaffe*,, pour désigner une perche à fer fourchu et recourbé. Or, l'angl.-sax. gafel ou gaflas est le même mot que l'allemand gabel, il a signifié en outre *fourches patibulaires*, et c'est de *gabel* ou *gafel* que nous avons fait *gibet*, par le bas latin *gabalus*.

Esp., garrocha, javelina.

JARDIN. Al., garten; an., garden; ces mots viennent de l'isl. gard, de l'a.-s. geard, qui signifièrent originairement la terre, l'univers, et plus tard, une demeure, une maison avec son enclos.

LAMPROIE, a.-s., lampreda; a., lamprey; al., lamprete; d. et su., lampret. Personne n'a saisi ces rapprochements si simples. Il est curieux de voir dans nos dictionnaires, à quels écarts scientifiques a donné lieu la recherche étymologique du mot lamproie.

It., lampreda; esp., lamprea; bret, lamprezen;

LEST, (terme de mer). A.-s., hlæst; a., hol., al., last, *charge*. Dans le colloque a.-s. d'Elfric, qui a été interligné en latin par l'auteur même, hlæst est traduit par *merx*. Ainsi lest a signifié primitivement charge et marchandise.

LOQUET, de l'is., lok; a.-s., locce; a., lock, *serrure*, *fermoir*. *Fermer* se dit isl., loka; a.-s., lucan; m.-g., lukan; a., to lok.

LUTH, nous est commun avec l'all. laute. Celui-ci est dérivé de laut, signifiant *son de voix*, *clarté*. Laut correspond au francique et à l'a. s. hlud, hluth, qui ont formé le mot français *luth*.

Ital., liuto, leuto; esp., laud.

MAINT. Francique, manag; a.-s. et al., manig; a., many, *plusieurs*. Maintefois, en ang., manyfold.

MARSOUIN. A.-s., meer-swin; d., mar-svin; al., meer-schwein; tous mots qui signifient cochon de mer, comme le latin *marinus porculus*, et qui ressemblent plus ou moins à *maris-sus*.

Ital., porco marino. L'esp. appelle le cachalot *marsopa*.

METS, isl., mata; a.-s., mœte; m.-g., mats, *nourriture*.

MOUTARDE, isl., mustardr; a.-s. et a., mustard; holl., mostaard; mots dérivés de must, most, qui signifie comme le latin *mustum* et le français *moût*, vin nouveau, liqueur en fermentation, et de l'adjectif *hard*, dur, âpre.

Ital. et port., mostarda; esp., mostaza.

MIDI, MINUIT, viennent moins, sans doute, de *medius dies*, *media nox*, rarement usités en latin, que des langues gothiques, qui, de tout temps, ont possédé ces deux mots. *Midi*, isl., mid-degi; a.-s., mid-dœg; francique, mitten-tag; al., mit-tag; a., mid-day; hol., su., dan., mid-dag. *Minuit*, isl., mid-nœtti; a.-s., mid.-niht; a., mid-night; al., mitter-nacht; s., mid-natt; d., mid-nat.

It., mezzodi; esp., medio dia.

NEVEU. Selon Novitius, on se trompe quand on dit que *nepos* signifie *neveu*. Je prends acte de ceci, pour représenter que le mot *neveu* est tout formé dans les langues gothiques : a.-s., nefa; al., neffe; holl., neef, neve; a., nephew; anc. al., nevo, neve, nevu; l'isl. nefi signifie frère.

PARC, paroisse. Parc signifiant *lieu clos, enceinte*,

se dit en a., su. et d. park; en al., pferch; en a.-s., parroc, parruc, pearroc; et en anc. all., puruc, purc. De *parroc*, la basse latinité a fait *parrochia*, et le francais, *paroisse*.

PERLE, isl., perla; a.-s., pearl, pærl; a., pearl; al., perle; su., perla; d., perle.

Ital. et esp., perla.

PILLER, gaspiller, houspiller. Je ne puis dire si piller vient plus directement du gothique *spillan*, détruire, que du latin *compilare*, *expilare*; mais il est très-certain que les deux mots *gaspiller*, *houspiller*, qui y tiennent, sont gothiques. Gaspiller existe dans l'a.-s., gespillan, et le m.-g., ga-spillon, *détruire*, *gâter*, *piller*. Houspiller est l'a.-s. ut-spillan, qui signifie *maltraiter en expulsant*, *en poursuivant*. Car *ut*, est la préposition anglaise actuelle *out*, hors, dehors. Cette même préposition était en ancien francique *huz*; et l'histoire rapporte que Louis le Débonnaire, mourant, cria plusieurs fois à Satan, *huz*. *huz*! dehors, dehors! (1)

RIME. La rime, en poésie, est d'invention gothique. Elle n'a pas toujours exprimé, comme aujourd'hui, la

---

(1) Il faut remarquer que le *t* ancien, qu'il soit gothique ou latin, est souvent devenu sifflant dans les langues modernes; ainsi, tous les *z* de l'allemand actuel sont représentés en gothique dans les mêmes mots, par *t* ou *d*, comme *zorn*, colère, a.-s, torn; *zahre*, larme, a.-s. tar. De même, les verbes latins *audere*, *radere*, *lædere*, qui font au participe, *ausus*, *rasus*, *læsus*, ont formé les mots français *oser*, *raser*, *léser*. Ce mélange de son entre le *t* ou le *d* et l'*s* a occasionné chez nous la prononciation sifflante de *t* dans *suprématie*, *vocation*, et dans des mots tels que *glisser*, qui vient de l'ang.-sax. glidan; de l'ang., to glide; etc.

consonance finale de deux vers, elle a consisté d'abord dans la répétition de certaines lettres qui produisaient une mesure poétique. Quoi qu'il en soit, rime vient du substantif *rim*, qui signifie proprement *nombre*, *compte*, et figurément *rythme*, *mètre*, *vers*, et du verbe *riman*, compter. Cette idée est la même que celle des Latins employant quelquefois le mot *numerus* pour vers, et que celle des Grecs exprimant le mètre du vers par ρυθμος,

ROUTE, routier, déroute. Route, ou plutôt rouste, signifiait autrefois *armée*, *troupe*, et routier voulait dire *soldat*. Route vient de l'isl. rosta, *guerre*, *combat*. Rostar, *pugnator*, est un des surnoms d'Odin. Les écoliers et les matelots se servent encore du mot *rouster* pour dire frapper. Nous avons transporté le mot *route* du sens d'armée et d'expédition militaire, au chemin parcouru par cette expédition, et voilà comment le mot *route* est devenu chez nous synonyme de *chemin*. Le mot *déroute*, est la dispersion de la *route*, de l'armée.

On peut donc sans métaphore dire un *vieux routier* pour un *vieux soldat*.

Esp., rota, *déroute;* ang., to rout, mettre en déroute.

Le mot anglais *rout*, signifiant *multitude*, *assemblée*, *réunion*, et aujourd'hui admis en France (raout), a la même origine que tous les mots précédents.

Les noms des points cardinaux Nord, Sud, Est, Ouest, indiquent les quatre nains qui, dans la mythologie scandinave, soutiennent les quatre coins du monde,

Isl.,	nordri,	suthri,	austri,	westri.
A.-s.,	north,	suth,	eost,	weast.
Al.	nord,	sud,	ost,	west.
A.	north,	south,	east,	west.

Certaines spécialités doivent un grand nombre de termes aux langues gothiques. Ainsi, la guerre (mot de même origine que l'anglais *war*, qui vient de l'a.-s. *wær*, *uuerre*) présente les mots suivants : arbalète, bagage, bannière, bataille, bivouac, campagne, combat, cotte de maille, dard, éperon, étendard, estramaçon, flèche, garde, hache, hallebarde, haubert et haubergeon, heaume, héraut, javelot, marche, rondache (de *rond* ou *rand*, bouclier), route, trève, etc.

La marine offre les termes de beaupré (traduction à la matelotte de l'anglais *bowsprit*, qui signifie *mât incliné*), bateau, bouline, espares, draguer, flotte, fréter, quille, mat, lest, stribord, babord, etc. (1)

La langue française possède aussi quelques mots hybrides, c'est-à-dire moitié gothiques, moitié latins, tel est le mot *royaume*, qui me semble taillé sur le modèle de l'ang.-sax. « cynehelm » *couronne*. Ce mot anglo-saxon est formé, par contraction, de cyng-helm, *heaume royal*, *casque de roi*; le français a substitué le mot *roi* au mot *cyng-*, qui a la même signification, et il a conservé la finale *-helm*, si bien qu'il a eu *roy-helm*, *roy-aulme*,

---

(1) Stribord ou tribord, qui désigne la droite du navire, ne vient pas de dextri-bord, comme on l'a cru, mais bien de mots purement gothiques, savoir : isl., stior-bord; a.-s., steor-bord; dan., styr-bord; all., steuer-bord; ang., star-bord. Cela signifie le *côté des chefs* ou de *ceux qui gouvernent*. De l'isl. styra, stiorna; de l'a.-s. styran, steoran, *gouverner*, *commander*. Babord existe en ang.-sax., bœc-bord; en dan., bag-bord; en hol. bak-boord; ces mots expriment le *bord de derrière*, le *bord inférieur*, celui où se tient l'équipage. On a du reste entendu par là, en toutes ces langues, la gauche du navire.

royaume. — Ang., realm; it., ream. Tel est encore le mot *souhaiter*, qui a été signalé par Hickes; il se compose de la préposition latine *sub*, et du mot anglo-saxon *hætan*, qui signifie *appeler, commander;* ainsi, *souhaiter*, ou comme on disait anciennement, *soubs-haiter*, veut dire proprement *sous-appeler, sous-commander* (1).

Les mots *forfait*, *forfaire*, se composent de la préfixe gothique *for*, qui exprime la détérioration, l'injustice, et du substantif ou du verbe latin *factum*, *facere*.

Enfin, les mots *installation*, *installer*, sont formés de la préposition latine *in*, et du subst. gothique *stal*, lieu, place, siège.

Wachter ayant déclaré que la terminaison de plusieurs villes gauloises *-dunum* correspondait à l'anglais *town*, ville, nous appuierons ici son idée, en faisant remarquer que *town*, vient de l'a.-s. *tun*, qui a signifié primitivement *enceinte, palissade*, *clôture*, comme l'allemand *zaun*, qui est le même mot différemment présenté. Or, de l'idée primitive *d'enceinte*, la signification de *tun* a été étendue à celle de *ville;* et elle a été usitée de la sorte non-seulement chez les Anglo-Saxons, qui avaient les villes de North-ham-tun, (littéralement *l'enceinte des habitations du nord*, Northampton), de Suth-ham-tun, (Southampton) etc.; mais encore chez les Suédois, qui ont les villes de *Sig-tuna*, (*la ville du vainqueur*, bâtie en l'honneur d'Odin,) de *Faring-tuna*, d'*Opring-tuna*, etc. Nul

(1) Hickes a commis une légère erreur en interprétant *soubs-haiter* par *sous-saluer;* hætan ne peut signifier que appeler ou commander. — Pour *saluer*, il faudrait *halian*, ou *halettan*, qui évidemment n'ont pas concouru à la formation du mot français.

doute que le *tun* anglo-saxon et suédois, ne soit le même mot que le *dun-um* gallo-romain. Les dentales *t* et *d* sont bien souvent confondues l'une avec l'autre en ces anciennes langues.

Nos mots français *tonne*, *tonneau*, *tonnelle*, sont de même formation que *tun* et *dunum*, et tous ont leur ra cine dans le verbe a.-s. *tynan*, enclore.

L'étude des anciennes langues gothiques nous conduit à de curieux rapprochements entre certains mots aujourd'hui fort dissemblables dans les langues modernes. Nous venons de voir l'identité originelle de l'anglais *town*, de l'all. *zaun*, et du gaulois *dunum*. Or, le mot français *évêque*, et l'angl. *bishop*, qui semblent si différents, se rapprochent également dans les langues gothiques avant d'arriver à leur source commune qui est le grec επίσκοπος, et le latin *episcopus*. Les transitions d'épiscopus à évêque sont indiquées dans Ménage, celles du mot latin au mot anglais, le sont dans les dialectes anciens; car *épiscopus* devient *piscop* dans le francique, *biscop* dans l'angl.-sax., et *bishop* en anglais. *Poisson* et *fish*, se ressemblent peut-être encore moins qu'*évêque* et *bishop;* mais si nous faisons remonter le mot français au latin *pisc-is*, et le mot anglais à l'a.-s., *fisc*, il ne reste plus entre ces deux mots que la différence de P à F, deux consonnes qui se confondent souvent dans les langues gothiques, et alors *fisc* est à *pisc-is*, ce que l'anglais *father* est au latin *pater*.

Il est curieux de remarquer, dans les mots ang.-s. glœs, glœre, qui signifient *ambre jaune*, et dont la racine est le verbe ang.-sax. glisian, *briller*, la justification de ces passages de Tacite (Germ. 45), et de Pline (Hist. nat., lib. 37), qui attestent que le succin était appelé par les

Germains GLESUM; et les motifs qu'avait Pline de nommer d'après les barbares, comme il dit, *glessariæ insulæ*, (lib. 4 et 37) ces îles de la Baltique que les Grecs appelaient *électrides*.

§ 2.

Gothicismes.

Les mots ne constituent pas seuls une langue, et les révolutions, qui, avec de vieux matériaux, recomposent de nouveaux idiômes, n'apportent pas seulement en ceux-ci d'anciens mots reproduits sous d'autres formes; elles transmettent encore de l'une à l'autre des caractères de structure, des habitudes de prononciation qu'il est curieux d'observer. Ce sont ces traces morales de l'influence des langues gothiques sur la langue française, que nous avons appelées *gothicismes*.

Au nombre des gothicismes les plus remarquables, il faut d'abord placer certains temps de la conjugaison de nos verbes. Ainsi, le français dit *j'ai aimé*, sur le modèle de l'allemand *ich habe geliebet; que j'eusse aimé*, comme *dass ich geliebet hætte*. La substitution de l'article initial à la désinence finale dans les substantifs tirés du latin, est également due au gothique.

Trunc-us	le-tronc....
Trunc-i	du-tronc....
Trunc-o	au-tronc....

La manière dont les peuples germaniques prononcent les mots *stathouder*, *Hanover*, (stathoudre, Hanovre,) a servi de base à la prononciation francisée des mots latins *asper*, *acer*, *alter*, *vester*, *noster*, *pastor*, dont nous avons fait *âpre*, *âcre*, *autre*, *votre*, *notre*, *pâtre*, etc.

Mais nous avons fait aux langues gothiques d'autres emprunts encore, et d'autant plus secrets et inaperçus, qu'ils sont en quelque sorte recouverts d'un voile latin. Je veux parler de certaines expressions, de locutions formées par des idées gothiques et rendues en français par des mots latins. La langue française doit fourmiller, à notre insu, de ces sortes de gothicismes. Je vais tâcher d'en révéler quelques-uns; ainsi :

La conjonction *parceque* ne vient ni de *quia* ni de *quoniam;* elle représente l'a.-s. *for tham the,* que les Français du moyen âge ont traduit littéralement par *pour ce que;* ce dernier est formé des trois mots latins *per hoc quod,* qui ne furent jamais employés en un sens analogue au français *parceque* ni *pour ce que.*

Pardonner est la traduction exacte de l'a.-s. forgifan, du francique firgeban, de l'anglais forgive, de l'all, vergeben, tous mots qui signifient matériellement *pardonner* ou *pour-donner* (1).

Méfait, *méfaire* sont traduits du gothique. *Méfait* se dit en a.-s. misdœd; en ang., misdeed, et en all. missethat, et *méfaire*, a.-s., misdon; anc. all., missetuon; holl., misdoen: isl., mis-gora. La préfixe *mis-* exprime

(1) Les langues gothiques offrent elles-mêmes quelques exemples de mots composés tout à fait analogues avec les mots latins qui y correspondent; ainsi les deux éléments du verbe latin *circum-dare*, sont exactement reproduits dans l'a.-s. ymb-syllan, dans l'al., umgeben; d., om-give; su., om-gifwa, qui signifient *entourer, environner*, et dont le sens se décompose en ces deux mots : *donner-autour*.

une idée de détérioration, de perte, de mal. Ainsi, *méfaire*, qui semble venir simplement de *male-facere;* et *méfait*, de *male-factnm*, ont leur idée originaire dans les langues gothiques. C'est cette même préfixe *mis-* qui a formé nos autres mots *méprendre*, et *méprise*, *mécompte*, *méconnaître*, *méfiance*, etc.

Avertir ne vient pas de *monere*, mais d'*avertere*, qui signifie *détourner*, parce qu'en gothique l'idée d'*avertir* a sa source dans celle de *détourner*. En effet, l'all. warnen, l'ang. to warn, qui signifient *avertir*, viennent de l'ang.-sax. warnian, *cavere*, *obstare*, *defendere*, et de l'isl, varna, *prohibere*, *avertere*.

L'usage du nom de nombre *un*, employé à l'indéfini, est gothique; ainsi, *un homme*, *une femme*, sont des locutions imitées de l'anglais, a man, a woman; de l'all., ein mann, eine frau; etc.

La particule *on*, qui est, comme chacun sait, contractée de *homo*, s'emploie pour exprimer en français un idiotisme gothique : *on dit*, *on fait* : all., man saget, man thunet; dan., man siger, man giorer.

Le nom de la *joubarbe*, ou barbe de Jupiter, ne peut venir des Romains, qui appelaient cette plante *sedum*. Il est plutôt la traduction de l'idée germanique qui consacre ce genre de crassule à Thor, le dieu tonnant. L'all. dit donner-bart, *la barbe de Thor* ou du *tonnerre*. Les Gaulois latinisés ou les Francs devenus chrétiens, qui n'ont voulu reconnaître le dieu Thor, ont transporté sa barbe végétale au menton de Jupiter, et ont créé le mot *joubarbe*.

Les autres nations gothiques appellent tout simplement

cette plante *oignon* ou *ail des maisons;* suéd., huslok; dan., huuslog; ang., house-leek.

Le titre de *comte*, que nous dérivons du latin *comes*, compagnon, nous vient également des Goths. En effet, le grand Théodoric, maître de Rome, est le premier qui ait employé le mot *comes* pour exprimer un titre, une dignité. Ce conquérant conciliateur adopta officiellement la langue des Romains, tout en conservant une partie des usages de sa nation. Or, par *comes*, il traduisait en latin les titres gothiques *gerefa* ou *gefera* et *gesith*, que portaient les principaux officiers des princes, et dont la signification propre est celle de *compagnon, camarade, associé.* La correspondance de Théodoric, conservée par Cassiodore, attribue la qualité de *comites* à un grand nombre de personnages goths et romains. La 28e épître du 3e livre, adressée à Cassiodore lui-même, a pour objet d'annoncer à ce ministre qu'il est élevé à la même dignité, en récompense de ses services. Le même système de traduction pour ce titre, fut adopté chez toutes les nations gothiques converties, dont les annalistes ou les scribes employaient le latin. « Bède, dit le docteur Lin-
» gard (Hist. d'Ang., t. 1.), mentionne souvent une
» classe d'hommes qu'il appelle *comites;* Alfred les tra-
» duit toujours par *gesihts*, mot qui signifie *serviteurs* ou
» *compagnons.* »

Le mot gerefa (dont la racine, selon le rev. Bosworth, est *fer*, voyage, de même que celle de *gesiht* est le mot *sith*, chemin,) est le même qui aujourd'hui exprime le titre de comte chez les peuples septentrionaux. All., graf; holl., graaf; dan., greve; suéd., grefwe. Land-grave et mark-grave signifient *comte du pays;* Rhin-grave, comte du Rhin; et le mot anglais sheriff est formé de scyregerefa, *comte du district*.

Aller bien, *se porter bien*, en termes de compliment, sont des gothicismes. On en voit la trace dans le mot anglais *farewel*, qui représente notre mot chrétien *adieu*; mais qui signifie étymologiquement *allez bien*, *voyagez bien* ou *portez-vous bien*. Car le mot *fare* vient du verbe ang.-sax. *faran*, qui signifie *aller*, *voyager*, ou du verbe *feran*, qui signifie *porter* (comme le latin *ferre*). Se *porter bien* se traduit littéralement en danois par « fore sig vel op. » Et dans le poëme ang.-sax. du Roi Leir (Lear de Shakespeare), la lettre de Leir au roi de France se termine par ce vers :

And thou thi-seolf *far* hol and sund.
Et porte-toi *sain et sauf*.

Selon Rask (Ang.-sax Grammar, n° 257), notre locution française *je vais lire*, pour exprimer que je lirai bientôt, non que je me transporte en un autre lieu pour lire, serait gothique, et se serait notamment exprimée littéralement en anglo-saxon, « ic ga rœdan ».

Il nous semble que le côté gothique de la langue française consiste plutôt en idiotismes de ce genre, en constructions grammaticales, et pour ainsi dire en habitudes gothiques passées dans notre langage, qu'en mots teutoniques proprement dits. L'invasion gothique, en renversant la langue latine, n'en détruisit pas les matériaux, qui continuèrent de joncher le sol sous les pieds du vainqueur. Puis, dans la réédification qui surgit de ce cahos, les matériaux latins se présentèrent en première ligne.

Seulement, l'ancien ciment, qui s'était perdu dans la démolition, fut remplacé par un lien gothique, et ce fut la cause de l'introduction de l'article dans la déclinaison; de celle du pronom et du verbe auxiliaire dans la conjugaison. De là nous sont venues, et la construction grammaticale directe, et ces formes germaniques dont nous n'avons pu signaler qu'un petit nombre, mais qu'une étude approfondie des anciennes laugues du Nord ne manquera pas de révéler dans une proportion bien plus grande.

Les mots gothiques que nous avons rapportés ne forment qu'une bien petite partie de ceux qui existent dans la langue française. Cependant, lorsque nous avons cherché à analyser quelques passages de nos auteurs dans le but d'y reconnaître la proportion des mots gothiques, nous avons trouvé cette proportion bien petite; à peine avons-nous distingué quelques expressions du nord parmi la foule des mots latins qui domine.

« Apparent rari nantes in gurgite vasto. »

Et tandis que les quatre cinquièmes des mots de la langue anglaise moderne sont encore anglo-saxons, à peine une page, prise au hasard dans un auteur français, offre-t-elle plus de cinq ou six mots teutons, et nulle part nous n'avons reconnu des mots gothiques en plus grande proportion que dans ces quatre vers de Racine, où il en existe deux seulement, tout le reste étant d'origine latine :

On ne voit point deux *fois* le rivage des morts.
Seigneur! puisque Thésée a vu les sombres *bords*,
En vain vous espérez qu'un dieu vous le renvoie,
Et l'avare Achéron ne lâche point sa proie.

TROISIÈME PARTIE.

ONOMATOGRAPHIE.

Théorie des Noms gothiques.

Hliods bid ec..... mogu Heimdallar.
Vildo it ec Valfodur vel fyr telia.

Écoutez-moi..... fils de Heimdall,
Je veux vous révéler les merveilles d'Odin.

Lorsque les peuples d'origine germanique envahirent la Gaule, ce pays subissait, depuis cinq siècles, la domination romaine. Il avait adopté les arts, les mœurs, le langage de la métropole. Les habitants de la Gaule perdirent jusqu'à leurs noms celtiques, et ne se distinguèrent plus entr'eux que par des noms romains. Pour apprécier ce dernier fait, il suffit de parcourir les ouvrages de Grégoire de Tours, qui contiennent un grand nombre de noms d'hommes. On distingue aisément le nom romain d'avec le nom frank, mais on a peine à trouver de la place pour des noms gaulois dans la nomenclature immense, tant sacrée que profane, de notre premier historien. Les noms des hommes de la Gaule y paraissent généralement latins et grecs, comme Gregorius, Saturninus, Ægidius, Hilarius, Martinus, Injuriosus, etc.

Ceux au contraire des Franks, des Bourguignons, des Visigoths d'Aquitaine, portent un cachet particulier qui décèle une origine étrangère et une souche commune.

Après l'établissement des Franks, on voit les noms latins s'effacer graduellement, et finir par céder la place aux noms venus d'outre-Rhin. Ceux-ci, qui d'abord n'avaient appartenu qu'aux conquérants, furent peu à peu adoptés par les natifs de la Gaule. Enfin, les noms gothiques devinrent si universels sous la seconde dynastie, que, depuis Charlemagne jusqu'aux croisades, l'histoire de France présente à peine quelques noms d'une autre origine (1).

Mais ces noms franks, qui firent disparaître les noms importés par la conquête romaine, n'étaient pas particuliers aux tribus que Gondebaud et Clovis mirent en possession de la Gaule; ils étaient communs à toutes les nations scandinaves et germaines qui se partagèrent les dépouilles de l'Empire. On trouve les mêmes noms chez les Goths, que Jornandès nous fait connaître, au nord du Pont-Euxin; chez les Anglo-Saxons, qui conquirent la Grande-Bretagne; chez les Wisigoths, les Suèves et les Vandales, qui s'emparèrent de l'Espagne et du nord

(1) Les noms gothiques furent même de bonne heure donnés aux esclaves; car le testament de S. Remi, rapporté par Frodoard, compte au nombre des serfs affranchis par le testateur: Alaricus, Albowichus, Baudwicus, Dagaleifus, Dagaredus, Tennaredus, Udulfus et Mònulfus, filius Æneæ. Remarquez que parmi ces deux derniers, le pseudo-goth Monulfus, est fils du pseudo-troyen Æneas. C'est une preuve que le nom n'indiquait pas la patrie ni la race de celui qui le portait.

de l'Afrique; chez les Hérules, les Lombards et les Normands. Partout on reconnaît les mêmes éléments qui composent les noms de Théodoric, Athalaric, Roderic, Radulf, Sigismond, Richer, etc., etc.

Ainsi, les premiers éléments du nom actuel Adolphe (« adel-ulf » *noble loup*) sont aisés à distinguer dans le nom d'Æthel-wulf, roi anglo-saxon, aussi bien que dans celui d'Ataulfe (Atal-ulf), roi des Wisigoths d'Espagne. De même, le nom d'Æthelbert, roi de Kent, correspond évidemment à celui d'Adalbert, chez les nations germaniques.

Le nom d'Ingulfe est commun à l'aventurier norwégien qui colonisa l'Islande, dans le neuvième siècle; au chroniqueur anglais de Croyland, dans le 11e; à plusieurs personnages de l'histoire de France, et sans doute aux fondateurs des villes d'Ingouville, près du Havre, et de Ingolstadt, en Bavière. Roric, Rodric, Ruric, (en isl. Hrod-Rekr) est un nom qui se présente souvent dans les premiers temps de l'histoire de Danemark; il fut en outre celui du prince scandinave qui jeta les fondements de l'empire russe, à l'embouchure de la Dwina, en 861, Rurik; et celui du dernier roi des Wisigoths d'Espagne, Roderic ou Rodrigues, qui périt, avec sa monarchie, à la bataille de Jérès, en 712.

Un ensemble si étonnant, des caractères si uniformes et si précis nous ont conduit à penser que de semblables noms devaient se rattacher à d'anciennes traditions nationales, à des croyances religieuses consacrées par les siècles. Nous avons, pour en trouver la clef, dirigé nos recherches vers la mythologie des Goths, et consulté leurs plus anciennes poésies. Notre attente n'a pas été trompée. A mesure que nous nous sommes familiarisé avec la théogonie des Eddas; avec les noms et les surnoms innombrables des dieux scandinaves, et surtout avec le style figuré et mythique des muses boréales, nous avons reconnu, sans peine, les éléments qui se reproduisent invariablement dans les noms gothiques.

D'abord, en parcourant les poésies recueillies dans l'Edda sæmundar, en feuilletant la Saga de Nial, ou le poëme anglo-saxon Beowulf, nous avons remarqué les noms suivants, dont il est aisé de saisir la ressemblance ou plutôt l'identité avec des noms historiques bien connus.

Isl. ou Ang.-Sax.	Latin-barbare	Français moderne.
Brynhildur,	Brunechildis,	Brunehaut.
Hialp-rekr,	Hilpericus,	Chilpéric.
Hildi-gunn,	Hildegundis,	Hildegonde.
Harald,	Haraldus,	Heraut, Arrau.
Hlod-ve, Loth-ve,	Chlodoveus,	Clovis, Louis.
Har-bard,	Chariberthus,	Herbert.
Hrærekr,	Rodericus,	Roderic, Rodrigues, Rurik.
Hrod-geir, Hrod-gar,	Rogerius,	Roger.
Ithmund, Idmund,	Eadmundus,	Edmond.
Iormon-rekr,	Hermanaricus,	Hermanaric.
Rath-bard,	Rodbertus,	Robert.
Regin-vald,	Reginaldus,	Regnaut.
Sig-mund,	Sigismundus,	Sigismond.
Thiud-mær,	Theudemirus,	Théodomir.
Thiod-rekr,	Theodoricus,	Thierry.

Les autres noms mentionnés dans les poésies gothiques, quoique ne formant pas toujours des noms historiques, sont néanmoins composés, pour la plupart, des mêmes éléments que l'on retrouve habituellement en ces derniers. Quelquefois un nom mythologique n'a qu'un seul élément, comme Vili, Fili, Lod, Ve, Alf, Gis , Hen, etc. ; mais plus ordinairement il est composé, comme les noms historiques, de deux éléments réunis : Frod-mar, Hrod mar, Vil-mundr, Grim-hildr, Bod-hildr.

Le génie de la poésie gothique nous révèle, en outre, l'emploi d'un grand nombre de mots qui sont empruntés à la langue vulgaire, mais qui étant ornés de terminaisons particulières, ou qui, entrant dans certaines compositions, sont détournés de leur signfication commune, pour recevoir un sens de convention ou de fantaisie. « Ainsi, dit Rask (1), un roi est appelé, visi, mærungr, » odlungr, thiodan, fylkir, liodi; de, visa, *montrer, con-* » *duire;* mœr, *illustre;* odul, *riche;* thiod, folk, liod, » *peuple.* » Or, ces mots poétiques, avec leur sens bizarre, figurent précisément parmi les éléments les plus usuels des noms propres, comme dans Visi-garde; Mœr-wig, (Merovée); Odül-ungr, (Odilon); Folk, (Fulco, Foulque); Liod-bert, (St. Léobert): Tiod-bald, (Thibaud).

La composition des noms par deux éléments réunis, est encore tout à fait dans le génie de la poésie gothique, où le sens de ces éléments et de ces combinaisons est toujours détourné de la signification primitive, où toujours il est figuré, souvent même fantastique. Le meilleur

---

(1 Préface de la Grammaire anglo-saxonne.

moyen d'apprécier le sens de ces éléments, c'est d'observer les rôles divers que ceux-ci jouent dans les compositions poétiques ; ainsi, par exemple, le mot a.-s. theod, qui, au propre, signifie seulement *peuple*, *nation*, s'emploient figurément dans des composés tels que ceuxi-ci : gum-theod, wer-thod, *genus humanum ;* theod-gumi, *vir nobilis*. Le mot isl., iormon ; a.-s., eormen ; ancien sax., irmin ; m.-g., airman, qui figure dans les noms de Ermanaric, Ermangarde, a signifié dans l'origine *terra ;* mais la poésie ne le reproduit qu'en des compositions telles que celles-ci : eormen-cyn, irmin-man, irmin-thiod, qui se traduisent par *genus humanum, seu ingens multitudo ;* eormen-grund, *tota terra ;* eormen-strynde, *ethnica progenies ;* Irmin-sul, *altissima (divina) columna*. Le monstrueux serpent qui, dans la mythologie scandinave, entoure la terre de ses replis, est appelé iormun-gandr, *immanis serpens*. Le mot regin, *Dieu, divin*, si commun dans les compositions onomatographiques, s'emploie en poésie dans des occasions telles que celles-ci : regin-fioll, *altissimi montes ;* regin-sæ, *profondissimum mare* (1).

Le système de composition des noms est tout à fait emprunté de ces combinaisons poétiques, et quelquefois le nom n'est autre chose qu'un mot poétique : ainsi, l'épithète de folk-valdr, (*gouverneur des peuples, général*), donnée à Odin, au Volü-spa (str. 54), est devenue le nom *Fulcoadus* ou *Foucaud*, et la qualification de guth-

---

(1) Voir le *Lexicon mythologicum* de Magnussen, et le petit glossaire dont M. Kemble a accompagné le texte et la traduction de Beowulf, aux mots cités.

vinu (*amis à la guerre, princes, chefs*), que Beowulf. mourant, donne à ses officiers, à ses compagnons d'armes, (Beo., v. 5466), forme le type original du nom *Gund-win* ou *Gondouin*.

C'est donc toujours un sens poétique et figuré, non un sens naturel et exact qu'il faut s'attendre à trouver dans les noms gothiques; quelquefois même la signification est tellement enveloppée par les mythes ou par les antiques traditions, qu'il faut tout à fait renoncer à la reconnaître.

Le nom gothique est quelquefois formé d'un seul élément : Karl, Hug, Odon; mais presque toujours de deux, et jamais d'un plus grand nombre. Bald-win, *Baudouin*; Ungr-hramn, *Enguerrand*; Erk-bald, *Archambaud*. Ces deux éléments, dont le premier peut s'appeler initial; le second, final, reçoivent une foule de combinaisons. Ainsi, l'élément, regin, placé comme initial, peut recevoir presque toutes les terminaisons.

Regin-ulf, regin-her, regin-wald, regin-hard, etc.

L'élément iormon ou ermen produit, en vertu de la même loi :

Ermen-ulf, ermen-her, ermen-wald, ermen-hard, etc.

Et vice versâ, une terminaison passe en revue presque chaque élément placé comme initial :

Adel-ulf, ric-ulf, arn-ulf, bern-ulf, etc.

Ces principes étant posés, nous allons donner un aperçu des principales combinaisons auxquelles peuvent se prêter les éléments des noms gothiques. Ces éléments, dont le nombre, bien qu'étendu, est restreint à de certaines limites, semblent avoir été jetés dans une urne mythique, de laquelle ils sortent pour se réunir, sinon tout à fait au hasard, du moins avec une latitude très-grande. Nous accompagnerons, autant qu'il sera possible, chaque combinaison, de l'orthographe latine dans laquelle Grégoire de Tours et d'autres anciens historiens traduisirent les noms gothiques. Enfin, nous tâcherons de débrouiller, à travers chaque nom primitif et intermédiaire, les formes populaires sous lesquelles il se reproduit de nos jours. Les métamorphoses bien connues de certains noms nous conduiront à des résultats assez complets, bien que seulement approximatifs.

Ainsi, par l'histoire, la géographie, l'agiologie, on connaît la dégénérescence des noms suivants:

Adal-bert, ... Albert, Aubert.
Adel-helm, ... St. Alleaume.
Bert-ulf, Berthoul, Berthou, Brou, Bron (1).
Fried-ric, Frédéric, Fédéric, Ferry.
God-fried, Godefroi, Gosfredus, Geoffroi, Jouffroi, Jouffre.
Rad-ulf, Raoul, Roux (2).
Regin-wald, Reginald, Regnault, Renaut.
Regin-her, Ragnacharius, Régnier.
Thiod-bald, Theodobaldus, Thibaud.
Thiod-ulf, Theodulfus, St. Thiou.
Wald-her, Walcharius, Gualcherius, Gualterius, Gaultier, Vaulchier, Gaucher (3).
(All. et ang. Walther.)

---

(1) La petite ville de Montbron, département de la Charente, s'appelle en latin : *Mons-Berthulfi*, *Mons-Berulfi*.

(2) Le nom latin de Châteauroux est *Castellum-Radulfi*.

(3) Les seigneurs de la maison de Châtillon, que nous appelons aujourd'hui Gaucher, sont appelés par les historiens contemporains

Wald-mar, Waldmarus, St. Galmier, St. Gaumier, St. Geaumier, St. Jaumier.

Warn-her, Warnacharius, (Grég. de Tours) Garnier. (All. et ang. Warner, Werner.)

En généralisant ces modes de dérivation ou de corruption, et en suivant l'analogie de leurs contractions, on parvient à saisir les rapports qui existent entre les anciens et les nouveaux types. Nous allons, en faisant l'application de ces règles, tâcher d'indiquer les éléments, les combinaisons et les variations des noms qui ont été répandus en Europe, comme une conséquence des invasions gothiques.

ADAL, ADEL. Cet élément a signifié primitivement en islandais *nature*, *origine*, et plus tard, *noble*, *noblesse*. Ce mot devient en a.-s. æthele, *noble*; en all., adel, edel.

Il forme à lui seul le nom féminin d'Adèle, dont les diminutifs sont Adeline ou Aline, et Adélaïde ou Alix.

Adel-ulf; Adalulfus (dans Frédégaire), Æthel-wulf ou Æthel-wolf, roi de Wessex; Ataulfe, roi des Wisigoths; Adolfe, Adolphe.

En doivent être dérivés des noms modernes de famille, tels que Adelon, Allon, Allou.

Adel-ungr ou Adel-ing, Adelonus (Frodoard). Les dérivés modernes de ces composés sont à peu près les mêmes que ceux du précédent; ainsi, le nom du philosophe allemand Adelung, en est le type germanique, et celui du célèbre médecin Adelon, le type français; les noms d'Edelin, d'Athalin, appartiennent à cette combinaison.

Adel-her, Adalcharius (Frodoard). Noms mod. Allaire, Allier.

Adel-ald, Adel-wald, Æthel-wald ou Æthel-wold, roi d'Est-Anglie; Adaloald, roi des Lombards. N. mod. Allaud, Alleau, Allot, Alliot.

Adal-hard, Adalard, Adelard. Æthelheard, roi de Wessex. N. m. Allard, Allardin, Allardet, etc.

(Gualcherius sive Gualterius); et la petite ville de la Ferté-Gaucher, se nomme en latin (Firmitas-Galteri). Les frères *Gaucher de Ste.-Marthe*, ont donc commis une méprise quand ils ont traduit leur propre nom par *Scævola*.

Adal-bald, Æthelfald, roi de Mercie; St. Adalbaud. N. m. Albaud, Alibau.

Adat-bern, Adalbern, év. de Noyon (Frodoard). N. m. Auberne, Aubernon.

Adal-berth, Adalbert, Adelbert; Æthelbert ou Æthelbrith, roi de Kent; Adalberon, arch. de Rheims. N. m. Albert, Aubert, Aubertin, Aubertet, Aubron, Alberoni.

Adel-frid, Adalfrid ou Alfred, roi de Northumbrie. (Le nom d'Alfred s'est plus communément formé d'nne autre manière. V. Alf.)

Adel-gar, Adalgarius, (Frod.) Adalger. N. m. Auger, Augeron, Augereau.

Adel-helm, Adelemus, (Frod.), St. Adelhelm, St. Adelm ou St. Alleaume.

Adel-gisl, Adalgise, prince de Bénévent; St. Adalgise, év. de Novarre. N. m. Auguis, Augis.

Adel-mar, St. Adelmar, ou St. Adhémar, ou St. Aymar; et St. Audomarus, ou St. Omer.

Adel-ric, Adalric, duc de Gascogne; Athalaric, roi des Wisigoths; et sans doute, par contraction, Alaric; St. Adelric ou St. Audry. N. m. Audry, Atry, Allery.

Adel-stan, Æthelstan, roi d'Angleterre; Adelstan.

Abel-ward, St. Adelward, év. de Verden, vers 930. N. m. Allouard.

Adel-wig, Aloys. N. m. Allouis, Allix.

AGIL, EGIL. Cet élément se rencontre dans les noms de l'Edda. Les éditeurs n'en donnent pas l'interprétation, ils se bornent à lui rapporter les noms d'Agila, roi de Wisigoths; de Igill, r. de Vand.; d'Agilulfe, r. des Lomb., et celui d'Achiulf, dans Jornandès. (Edda sœm. t. II, p. 868, 869.)

Aux noms ci-dessus nous ajouterons les suivants :

Agil-bald, St. Agilbald, St. Aguébaud, St. Agilbert, Egbert, Agilmund, roi des Lombards; Egmond, St. Agilfrid ou St. Agofroy, St. Agilric, Ægelric (Chr. sax., an 1070), Ægelwin (ib., 1072).

Il est probable que le même élément a produit la première partie du nom de St. Achard (Aic-hardus), et par conséquent les noms de Achin ou Haquin, etc.

ALD, a.-s., eald; isl., alld, *âge, ancienneté*. Cet élément signifie le nom mythique d'Odin, Allda-fadir, *le père des siècles*.

Dans les noms du moyen âge, ald se confond souvent avec adal ou avec wald : ainsi, les chroniqueurs écrivent indifféremment Adalbert ou Aldebert, Regin-ald ou Regin-oald.

Ald-gund, Ste. Aldegonde.

Ald-trud, Ste. Aldetrude.

Ald-ric, St. Alderic ou St. Audry.

Ald-brand, St. Aldobrand, Aldobrandini.

Ald-mar, Altmarus (Frod.).
Ald-frid, Altfridus (ib.).

Isl. et a.-s. ALF, ELF. Germanicè ALB, ELB. Cet élément désigne un certain ordre de génies ou de démons dans la mythologie gothique. ALF scandinave est parfaitement identique avec ALB germanique, ainsi que l'attestent toutes les traditions, et que l'indique Finn Magnussen (Ler. Myth., v. Alfar). Il résulte de là que le nom allemand Alb-ric ou Alberic correspond au nom angl.-saxon Ælfric, et l'on ne doit pas s'étonner si le nom d'*Alfred*, roi d'Ang., est écrit par Frodoard *Albradus*.

Ælf-red, Ælf-gar, Chs. sax., an 1055.
Ælf-give (id.), Ælf-stan, Ælf-wald.
Ælf-mar, Ælf-weard, Ælf-helm (ib.).
Ælf ric est le même nom qu'Alberic et Aubry.
Alboflède, sœur de Clovis; Ælf flede, princesse de Northumbrie.
Alb-win ou Albouin, roi des Lombards.

AMAL. Cet élément forme le nom bien connu de la dynastie des Amales, chez les Ostrogoths, et l'on trouve dans l'Edda sæmundar, t II, page 88, le nom d'Hamal, fils d'Hagal.

En isl., Hamal signifie *bélier*, et Hemal, *compagnon*.

Grégoire de Tours mentionne un personnage nommé *Amalo*.

Amal-berg, ou Amalburge (Ste.).
Amal-bert (dans Fredeg. et dans Frodoard).
Amal-her, Amalcharius (Fredeg.).
Amal-ric, Amalaricus, Amalric, Alméric.

N. m., Améric-(Vespuce), Amaury, Aymery. — Amalasonte, Amalasuinte, reine d'Ostr.; Amalafreda (Jornandès, ch. 58).

ANS, AS, OS. M. Kemble pense avec raison, ce nous semble, que ans est une variante de as, os, qui signifient *Dieu*; en effet, on ne trouve ans que dans les pays germaniques, où il semble correspondre avec as, scandinave, et avec os, angl.-sax. : ans devient quelquefois ant, comme dans Ans-helm ou Ant-helm. Cette interprétation du mot *ans*, nous semble confirmée par le passage suivant de Jornandès, concernant les Goths : *Proceres suos, non puros homines, sed semideos, id est* ANSES, *vocavere*. (Ch. XIII.) Voilà bien les *ases* de la tradition scandinave, et, sans doute, notre élément.

Ans-ulf, St. Ansolf (7 août). N. m. Anson.

Ans-her, St. Anshaire ou Anscharius, apôtre de la Scandinavie, envoyé de France par Louis le Débonnaire. Les modernes Scandinaves l'appellent St. Ansgard. — Anschaire, duc de Spolète.

Ans-ald, Ans-wald; Ansoaldus (Grég.). N. m. Ansault.

Ans-hard, Ansard, Antard.

Ans-ward, Ansoard, Anthouard.

Ans-bald, St. Ansbaud (12 juillet).

Ans-brand, Ansbrand ou Ansprand, roi des Lombards.

Ans-berth, Ansbert, Ambert.

Ans-helm, Anselmus. N. m. Anselme, Anthelme, Anseaume, Anthaume.

Ans-ric, St. Ansery (5 septembre), Anselinus (dans Frodoard). N. m. Anselin, Asselin.

Les poëmes scandinaves présentent les noms d'As-mund, As-biorn, As-brand, As-grim, As-olf, As-ward.

Les chroniques anglo-saxonnes, ceux d'Os-bald, roi de Northumbrie; de St. Os-wald, d'Os-mund, Os-wig, Os-win, Os-red, Os-bern.

ARN, ERN. Isl., arn, órn, *aigle*, sans doute dérivé de ern *force*. Odin est surnommé Arn-hof-dottr, *Le seigneur à la tête d'aigle*. Le nom d'Ernest est formé par cet élement.

Arn-ulf, Arnolfe, Ernulfe, Ornulf (Niala). N. m. Arnoul, Arnou, Hernoux.

Arn-ald, Arnald, Arnold. N. m. Arnault, Arnal.

Arn-bert, Arnobertus (Grég.).

Arn-grim, Arngrim (Edda).

ARK, ERK, ARCH; en ang.-sax. EORCON. Cet élément forme un nom dans la Vilkina-Saga, *Erka*; il correspond, suivant les éditeurs de l'Edda, au nom de *Helcha*, du poëme des Nibelungen; à celui de *Herkia*, du Gudrunar-quida. L'islandais harka, dont il semble dérivé, se traduit par *strepitus*, *fortitudo animi*.

Ark-bald, Ark-wald. — Erchinoaldus (Grég.); Eorconwald, (Chron. sax.); Erkemboldus (nom de croisé). N. m. Archambaud.

Ark-berth; Eorconbrith, roi de Kent. N. m. Archambert.

Ark-gar; Archangarius, (beau-père de Charles le Gros).

Ark-win; Eorconwin, roi d'Essex. Il paraît vraisemblable que le nom du célèbre Alcuin était composé des mêmes éléments que ce dernier, par le changement de r en l, changement assez fréquent au moyen âge, Alk-win, Alcuinus.

BALD. Est-ce le nom du dieu Balldr? est-ce l'adjectif ballr, *fortis*, *strenuus*? mais bald ne figure, à ma connaissance, dans aucun nom islandais; cet élément, si commun dans les noms des autres pays gothiques, n'est peut-être qu'une variante ou une altération de l'élément bôd, employé dans tous les dialectes.

Bald-ulf, Baudon.

Bald-gisl, Baudegisilus, (Grég.).

Bald-hild, Baldechildis Bathilde.

Bald-mar, St. Baumer.

Bald-ramn, St. Baudrand.

Bald-ric, St. Baldéric ou St. Baudry.

Bald-win, Balduinus, Bauduinus, Baudinus (Grég.). N. m. Baudouin, Baudin.

BERN. Les noms islandais, ayant cet élément, présentent toujours la forme biörn, qui signifie *ours;* les noms anglo-saxons offrent, au contraire, beorn, *enfant, jeune guerrier, héros;* l'islandais, pour rendre cette dernière pensée, aurait dit barn. Je crois qu'ici il y a eu confusion d'un dialecte à l'autre; que les sons ont été seuls transmis, tandis que leur signification était oubliée.

Bern-ulf; Biörnolf (Niala); Beornulf, roi de Murcie, St. Bernoul; St. Bernouf. N. m. Bernon, Bernoul, Bernouilli, Burnouf.

Bern-her, ... N. mod. Bernier, Bernaire.

Bern-ald, Bern-wald, Bernald, Bernold (Frod.). N. m. Bernaut.

Bern-hard, —ward, Bernard, St. Bernouard.

Bern-gar, Berengarius. N. m. Berenger, Baranger, Bellanger.

Bern-helm, ... N. m. Bernaume.

BERTH. Cet élément se présente sous plusieurs formes dans les noms islandais : on trouve Rath-barthr (Robert), dans le Hyndlu-liod; et Har-barthr (Herbert), dans le Harbarz liod; les éditeurs de l'Edda sont embarrassés pour interpréter ces deux noms. On voit aussi un nom de Sol-beartr, dans le Fiol-svina. Il me semble que cette forme, beartr, est le véritable type, car elle correspond aux formes anglo-saxonnes, byrht, beorht,et signifie, comme ces mots, *lucidus, inclytus.*

Cet élément forme le nom de Berthe, qui fut porté par plusieurs reines de France.

Berth-ulf. St. Berthulfe ou St. Berthoul, Berulfus (Grég.) Byrhtulf, roi de Mercie. N. m. Berthon, Beron, Bron, Berthoul, Berthou, Brou, Berchoux.

Berth-her, Bertícharius, Bertarius, Bercharius, Bercherius (Frod). N. m. Bertaire, Berthier, Berrier, Bertet! Bret, Berchier.

Berth-ald, —wald, Berthoald ou Béroalde, comte de Maurienne; Byrhtwold, év. de Wilt; Berthold; Berchol (Suger). N. m. Bertauld, Beraud, Braud, Bro, Berchau.

Berth-hard, ... N. m. Berard, Brard.

Berth-helm, St. Berthelm ou St. Berthaume.

Berth-hramn, Berthichramnus (Grég.), Bertrandus. N. m. Bertrand; ang., Bertram; esp., Beltramo.

BOD. Isl., böd, baud, *pugna*, ou bien bod, *mandatum, nuntius.*

Böd ou bod, s'écrit quelquefois both, et alors il se prononce *boz*; cette forme donne naissance aux noms *Boson*, etc.

Bod-ulf, Bod-lungr, Bod-ungr et Bod-ing produisent les noms suivants : Bodon, Bodillon, Bozon, Bazon, Bothelon, Bodin, Bazin.

Bod-her, Bodier, Bohier, Boyer.

Bod-ald, —wald, Bodoald, Bedoald, Bodeau, Bidault.

Bod-hard, Bodard, Botard, Bezard.

Bod-gisl, Bodegisile (Grég.)

BRUN. Le nom de la Valkyrie scandinave, Brynhild, qui est indubitablement le type du nom de notre célèbre reine Brunehault, est interprété par les éditeurs de l'Edda, Bellona loricata (brynia, *cuirasse;* hild, *guerre, Bellonne.*) Cet élément pourrait venir également de brunn, *brun, fauve*, ou de bruni, *feu, ardeur.*

Brun-hild, Brunechildis, Brunehaut (Grég.).

Brun-ward, Brunuardus (Frod.).

Brun-ulf, —ungr, Brunon, Bruno, etc.

DAG. Cet élément, qui forme un nom dans Helga-quida, est interprété par *dies*, dans la note des éditeurs; et ceux-ci le reconnaissent comme entrant dans la composition du nom frank Dagobert. Il y a en outre St. Dagamond; et dans le testament de St. Remi, on trouve les esclaves Dagaleif et Dagared.

DOD. Cet élément, qui peut-être signifie la *mort* (isl. daudi; a.-s., death), forme les noms suivants : Dado, Dodo, Dodilo, Dudo, qui se trouvent dans Grég., Frodoard, les Croisades; sans doute celui de Totila, chez les Goths; et chez les modernes, les noms de Dudon, Dide, Didot, Dode.

DROG, peut venir de draugr, *démon* (Edda sœm., Gloss., verb. draug-has) ou de drengr, *jeune homme, guerrier.* Odin est surnommé Drauga-drottin, *larvarnm seu spectrorum dominus.*

De là les noms de Drogo, dans Frédégaire et Frodoard; de Drogon ou Dreux, comte de Pouille; de St. Drogon ou St. Drouet; de St. Droctoaldus ou St. Drouaut; enfin les noms de Dreux, Drouin, Drouet, Drouaut, Drouard.

EBBI, nom propre islandais, qui paraît emprunté du reflux de la mer, Ebb. Il forme les anciens noms Ebbles, comte de Poitiers; — duc d'Aquitaine; — comte d'Auvergne; — arch. de Reims; Abbon, arch. de Paris; Ebald, roi de Kent; Eboric, roi des Suèves; Abeilard.

EBER. Cet élément, qu'on ne trouve, ou du moins qu'on ne reconnait pas dans l'islandais et dans l'ang.-sax., ne peut s'interpréter que par l'allemand eber, qui correspond au latin aper, sanglier.

Eber-ulf, St. Evroul, dont Fontevraut porte le nom, *Fons-Eberulfi.*

Eber-hard, Eberard, Evrard.

Eber-win, Ebrouïn, Avrouin.

Eber-mund, St. Evremont.

Eber-mar, Ebremarus (croisé).

Ebr-her, Ebracharius (Grég.).

Eber-ungr, —ing, Ebero (Grég.), Evrain, Avrin-(court).

ED; ang-sax., EAD; isl., ID, ITH. Cet élément semble se rattacher aux mots mythiques idun, ithun, qui figurent dans diverses compositions de noms de lieux et de noms de personnages, mais dont il est difficile d'apprécier la signification.

Ed-mund. L'Edda (Helga-quida), offre le nom d'Ithmundr ou d'Idmundr; le Niala, celui d'Iatmundr; ang.-sax, Eadmund, Eatmund. N. m. Edmond.

Ed-ward, Edouard.

Ed-win; Ed-gar; Ed-ulf.

ERMEN; isl., IORMON. Expression poétique qui a désigné primitivement la terre, et qui ensuite a figuré en diverses compositions.

Ermen-ulf, Ermen-ungr, Ermenon-(ville).

Ermen-her, Ermenarius (Frédég.). N. m. Hermier.

Ermen-ald, —wald, Hermenaldus (Fréd.). N. m. Ermenaut.

Ermen-ard, Ermenard, Esmenard.

Ermen-gard, Ermengarde.

Ermen-ric; isl., Iormon-rekr; a.-s., Eormen-ric; anc. sax., Irminrik; m.-g., Airmanarecks; Hermanaricus (Jornand.); Hermericus (Frod.).

Ermen-frid, Herminfredus (Grég.); Erminfridus (Frod.); Hermanfroi.

ENG; isl., UNGR; all. et ang., ING. Cet élément, qui signifie *jeune*, est un surnom d'Odin, ungr. On le rencontre également au commencement et à la fin des noms.

Eng-ulf, Ingulfe, Ingolfe, Ingoust.

Eng-ald, —wald, S. Engaut; n. m. Ingault, Angault, Angot.

Eng-bald, Angelbodus, Angébaud, Imbault.

Eng-berth. Ingobertus (Grég.); Angelbertus (Frod.); St. Angilbert ou St. Inglevert. N. m. Imbert, Isambert.

Eng-berge, Ingoberga (Grég.); Ingelberge ou Ingelburge ou Isamburge de Danemark, épouse de Philippe-Auguste.

Eng-frid, St. Infroy.

Eng-mar, Ingomerus (Grég.), St. Engelmer.

Eng-gund, Ingonde, reine de F.

Eng-hramn, Engilrannus (Frod.), Enguerrand. N. m. Enjalran, Enjorrand, Engrand.

FAR, voyage, ou vie.

Far-mund, Faramond (et non Pharamond), prétendu roi de France, — secrétaire de Louis le Débonnaire.

Far-wald, Faroal, Farcald, deux ducs de Spolète; St. Faron; St. Far; Ste. Fare, fondatrice de Faremoutier.

FIL, FILI, FUL, nom mythique d'une Valkyrie, qui signifie *abondance*.

Fil-bert, St. Filbert ou Filibert (non Philibert), comme l'établit fort bién Baillet, Vie de St. Filbert; Fulbert, Foubert.

Ful-rad, Fulradus (Flob.).

Fil-god, Filogud (Jornandès).

FOLK, peuple. De là, Fulco, Fulk, Foulque, dont les dérivés sont Foucon, Fouquier, Fouquet, Foucaud, Foucard, Fouchon, Foucher, Fouchau, Fouchard.

Le nom de Foucaud remonte à un surnom d'Odin, Folk-valdr, *gouverneur des peuples, général* (Volupsa, 54). Un secrétaire de Charles le Chauve s'est appelé Fulcoaldus.

On trouve dans Frodoard les noms de Fulcramnus (Fouquerand), et de Fulcricus (Fouchery). Les croisades offrent les noms de Folkerus, Fulcherus (Foucher).

FRID, nom d'une Valkyrie, que Magnussen interprète par *formosa, venusta,* ou par *pax.*

Frid-ric, Frédéric, Fédéric, Ferry.

Frid-hramn. Ferdinand, Fernand, Ferrand, Friand.

Frid-gar, Frédégaire.

Frid-gund, Frédégonde.

Frid-ulf, Frithowulf (Chron. sax.). N. m. Friou, Fredou, Ferrou.

FROD, sage, habile.

Frod-ulf, —ung; Froton, nom de plusieurs rois de Danemark.

Frod-ard, —ward; Frodoard.

Frod-her, Frotherus, Frotarius (dans Frod.). N. m. Frottier.

Frod-ger, Frogerus (croisé); Froger, Frogier.

GARD, la terre, est une finale dans Hermangarde, Hildegarde, etc.

GEB, GIF, GIVE, don, présent.

Geb-ric, Gebericus (Jorn.).

Geb-mund, Gibamund (vandale); Gef-mund (ang.-sax.).

Ger-hard, Gib-hard; Gibehardus (Frod.); Ælf-give, Æthel-give (ang.-sax.). N. m. Gibbon, Gibé, Gibot, Gibart, Gabon, Gaby, Gabory, etc.

Isl., GEIR; ang.-sax., GAR, lance.

Ger-olf (Niala), Gar-ulf (Beowulf; St. Girulf ou St. Giroux, Girou, Giron.

Ger-ald, —wald; Gérald, Girald, Gérold, Géroald. N. m. Géraud, Giraud, Giraudin, Giraudet, etc,

Ger-hard, —ward; Gérard, Girard, Girouard, Guérard, Girardin.

Geir-mund (Niala); Garmund, (Beowulf). N. m. Germon.

Ger-bald, St. Gerbaud, Ger-bert, Ger-brand, Ger-trude, Gerfrid, etc.

GISL, GISEL. Gisl est le nom d'un cheval mythologique; il semble, en ce cas, dérivé de Giesli, *rayon.* Gisl et Gisel signifient aussi *hôte, otage.*

Cet élément forme le nom de la fille de Charles le Simple, épouse de Rollon, Gisla ou Gisèle, que l'on nomme aussi Gilette.

Gisl-ulf, Gisulf, nom de plusieurs ducs de Bénévent, de Frioul, de Spolète.

Gisl-her, Ghiselharius (Grég.).

Gisl-berth, Giselbert, nom d'un comte de Bourgogne, d'un duc de Lorraine, d'un comte de Haynaut. Ss. Gislebertus ou St. Gilbert.

Gisl-mar, Gislemarus (Grég.); Gilimer (vandale).

Gisl doit partager avec Ægidius (St. Gilles), la formation d'un bon nombre de dérivés, tels que Gillon, Gillion, Gillet, Gillot, Gillard.

GOD, GOND. Les éditeurs de l'Edda (t. II, p, 874), et M. Kemble (Beow., Gl., v. Guth), confondent ces deux élements, parce que le nom islandais Gud-mund devient en anglo-saxon Guth-mund, chez les Germains et les Vandales, Gund-mund ou Gondamond. L'isl., Gudur, Guthur; l'ang.-sax., Guth; le teutonique Gund, signifient *guerre.* Cependant, l'islandais offrant le nom de Gud-mund et celui d'Hildigunn (Hildegonde), il est douteux que gud et gunn soient employés dans la même acception. Gud signifie *Dieu*, et gunn, *guerre.*

Odin est surnommé gunnar, *bellicosus.*

God ou goth est quelquefois sifflant : God-fredus ou Gos-fredus.

God-ulf, Gund-ulf, Gond-ung, Goth-ling; St. Gondulf, St. Gondolf. St. Goudon, Gozlin, Gothelon. N. m. Godon, Gozon, Gouzon, lord Godolphin, Gosselin, Josselin, Gosse, Josse, Jousse, Jousselin.

Gund-her, Gondicharius, roi de Bourgogne; Gontharius (Grég.); Gonthier; Guth-here (Beowulf).

God-ald, —wald; Godoald, Godault, Godot.

God-hard, Godard, Gothard, Gossard, Goizard.

God-bald, Gondebaud, roi des Bourguig. N. m. Gombaud, Goesbaud, Goubau.

God-bert, Godebert, Gobert, Gondebert, Gombert, Joubert, Jobert, Jousbert.

God-mar, Godomar, roi des Bourg.; Gondemar, roi des Visig. N. m. Gomard, Jomard; Gomer.

God-gisl, Godegisèle, roi des Vand. N. m. Gaugis.

God-frid, Gottfried, Gothofredus, Godfredus, Gosfredus, Gaufridus, Josfridus, Godefroy, Geoffroy, Jouffroi, Jouffre, Jauffret, Jeffries, Gaufric, Gauvrit, Goffin.

God-helm, St. Gothalme, Gothaume, Joussaume.

God-mund, isl., Gudmund; a.-s., Guth-mund; Gondamond, roi des Vandales.

God-win, Guth-win (Beowulf), St. Gondouin, St. Goswin, Godin, Goin.

God-hramn, Guntichramnus (Grég.), Gontran, St. Godran.

God ric, Gondéric, roi des Vandales; St. Godric; Guthry.

GRIMM, au propre, *voile, masque*; au figuré, *casque, cuirasse*; ou bien, grimmr, *cruel.*

Grimm, surnom d'Odin, est interprété par *personatus* et par *crudelis*.

Plusieurs noms de Grimm, au Niala; Grimo, évêque de Rouen, dans Frodoard.

Grim-bald, St. Grimbauld.

Grim-ald, —wald, Grimoald, roi des Lombards; —id., princes de Bénévent. N. m. Grimaud.

Grim-hild, Edda sœm., t. II, p. 874.

HAR, HER. Har, *élevé, sublime* (surnom d'Odin); her, *armée, guerrier*.

Cet élément se traduit, en basse latinité, par : *charius*, comme Berthi-charius (Berthier), Chari-bertus (Aribert ou Herbert).

Har-ulf, Chariulfus (Grég.); Ariulfe, duc de Spolète; St. Hariolfe, év. de Langres. N. m. Haron, Aroux, et par diminutif, Arouet-(-de Voltaire).

Har-ald, —wald; Charioald, roi des Lombards; Harald; Harold. N. m. Haraut, Heyraut, Héraut, Arraud.

Her-hard, Herardus, arch. de Tours; Hérard; Erard.

Her-bald, Her-baldr (Edda-sœm., t. II, p. 663); a.-s., Herebald. N. m. Herbaud.

Her-bert, Harbarth, surnom d'Odin, dans l'Edda. Heribert, Cherebert, Charibert, Caribert, Herbert.

Her-ric, Eric, Chararic ou Cararic, roi des Lombards; Eraric, roi des Ostrog.

Her-ward, Hervardr, Edda sœm., t. II, p. 878; a.-s., Heriweard. N. mod. Herouard, Harouard.

Her-ve, Heriveus, Hervé, Harvey.

Her-win, Herwin, Herouin.

HARD. Isl., hard; a.-s., heard, *dur, cruel;* figurément, *brave, intrépide;* de là le mot français *hardi* (1).

Hard-ulf, Hardoux.

Hard-win, Hardouin, Ardouin.

HEN, HEID, HAD, HATHU. Hen, est le nom d'un frère d'Odin; heid, signifie *peuple;* hathu, exprime *la guerre*.

Les éditeurs de l'Edda (t. II, p. 877), pensent que : hen et heid, comme éléments de noms, doivent être confondus. En effet, le nom de Heidrekr ou Heithrekr, qui se trouve dans l'un des poëmes de l'Edda, semble correspondre aux anciens noms allemands Haderich; Heiden-

(1) De là aussi cette terminaison *ard*, qui, des noms propres, tels Gérard, Godard, Regnard, a passé à certains substantifs ou adjectifs, toujours pris en mauvaise part, comme gaillard, goguenard, criard, braillard; grognard, pillard, couard, etc.

reich; au nom français Henri, qui se dit en all. mod., Heinreich; en dan., Hendrik.

Hen-ulf, Ænulfus (Grég.); Hedenulfus (Frod.); St. Hatewulf. N. m. Enouf, Esnou, Hédou-(ville).

Hen-ald, —wald, Ænoald (Grég.). N. m. Hénault, Enaut, Esnaut.

Hen-ard; n. m. Hénard, Eynard, Esnard.

Hen-ric, Hadericus (Frod.); Henricus, (id.). N. m. Henri, Henrion, Henriot, Henriette:

Hathubrand, Hathumar, St. Hatemer, etc.

HILD, nom d'une Valkyrie guerrière; de la Bellone scandinave: de là le mot all. mod. HELD, *héros.*

Hild-brand, Hildebrand, roi des Lombards; —, duc de Spolète; Childebrand, frère de Charles-Martel.

Hild-bert, Hildebert ou Childebert; Ildebertus et Cheldepertus (Jorn.).

Hild-gunn, Hildigunna (Niala); Ste. Hildegonde.

Hild-bald, Hildebalbus (Frod.).

Hild-win, Hilduinus (Frod.); St Hilduin ou Audouin.

HILP, isl. HIALPR, al. HULFE, *secours.*

Hilp-ric, Hialprekr, nom de roi, dans l'Edda sœm. (Sigurdar-quida); Halfrekr; Halpfrich (Nibelungen); Chilpéric.

HRAMN, est une variante de hrafn, *corbeau*, selon les éditeurs de l'Edda sœm. (t. II, p. 674). Cette variante existe également en a.-s., hrefen, hræmn, hremn. L'élément hramn, qui, dans Grégoire de Tours, forme les noms de Chramnus et de Chramnisindus, s'emploie plus ordinairement comme finale : Berti-Chramnus, *Bertrand*; Gunti-chramnus, *Gontran.*

HUG, *pensée*, *esprit*, *audace*, est un nom mythique dans l'Edda de Snorre (num. 46, 47).

Hugo Hugues, Hüe, Hugon, Huchon, Huon, Huguet, Huchet, Huet, Hugault, Huault, Huot, Huguard, Houchard, Huard, Huguelin, Ugolin, Hulin, Hulot, Huguenin, etc.

Hug-bald, Hucbaldus, Hucboldus, (Frod); Hubaud.

Hug-bert, St. Hugobert ou St. Hubert.

Isl., KARL; a.-s., CEORL, *homme.*

Karl, Charles.

Karl-mann, Carloman; de l'isl. Karlemenni, *vir fortis.*

KUN, sans doute du verbe isl. : kunna, *pouvoir, connaître*; d'où sont formés les substantifs : konr, *homme puissant*; konungr, *roi* Cependant les éditeurs de l'Edda sœm., rapportent à cet élément, gud, guth, etc. (t. II, p. 874). *Vide suprà* God.

Kun-berth, Kunibert, St. Chunibert ou St. Humbert.

Kun-gund, St. Cunégonde, Ste. Hunégonde.

Kun-frid, St. Chunfrid ou St. Homfroi, Hunfredus (croisé).

Kun-rath, Conrad.

Kun-ric, Chunéric ou Hunéric, roi des Vandales.

LAND, *terre*, *pays*.

Land-ulf, Landolfe, Landon.

Land-ald, —wald; St. Landoald, Landau.

Land-berth, Lambert.

Land-hramn, Landrannus, (Frod.).

Land-ric, Landry.

Land-hard, Lantardus, (Frod.).

Latd-hild, Lantilde, sœur de Clovis (Grég.).

LEOD, LEUD (1). LUIT, LIUT, isl., lydr; a.-s., leod, *peuple*, *nation*.

Leod-ulf, Luitulfus (Frod.), Léoton, Liton, Lion.

Leod-ald, —wald; Leodowaldus, Leudowaldus (Grég.), St. Léotaud, St. Lieutaut, Liault, Liot.

Leod-hard, Luitardus (Frod.), Lietardus, Lithardus (croisés). Leotard, Liautard, Liard.

Leod-bald, Léobald, Léopold, Libaud.

Leod-berth, Leudbertus (Grégoire), Liutpert, roi lomb.; St. Leobert, St. Libert ou St. Liébert.

Leod-gar, Leodgarius ou St. Léger, Legier, Ligier.

Leod-brand, Luitprand, roi lomb.

Leod-far, St. Lifar.

Leod-mund, Leudemundus (Grég.), Léaumont, Lomond.

Leod-mar, Leudemarus (Frod.). (Monté-) Limar.

Leod-frid, Leudfredus (Grég.), St. Leufroy ou St. Liefroy.

LOD, HLOD, est le nom d'un des frères d'Odin; lod signifie *feu*. Hlodyn, est un des noms poétiques de la terre.

Lod-ulf, St. Ludolf ou Clou, év. de Metz.

Lod-her, Chlotaire, Lothaire, Luther, St. Lothier, Lohier.

Lod-ald, —wald, Chlodoaldus ou St. Clou (fils de Clovis), Clouet, Louhaut, Lohiau, Loyau.

Lod-ve ou Hlaud-ve, nom d'un personnage du Volundar-quida, dans Edda sœm.; Chlodoveus (Grég.), Clovis, Ludovicus, Loys, Louis.

Lod-mund, Lodmund (Niala); Lomont.

Lod-mar, Clodomir.

MAR, MER, *illustre*.

Mer-ve ou Merovée: Marobaudus, Marbaud, Marbot.

Walde-mar, Gund-mar, Clodo-mir.

MEGIN, MAGN, MED, MAHT, MAN. Tous ces mots expriment une commune idée de puissance.

---

(1) Leud, forme les noms des *leudes* ou *vassaux*, sous la première

Megin forme le nom de St. Magnus ou St. Main, comte des Orcades.

Megin-ulf, St. Mâynon, Magnon, Menou.

Megin-her, Magnacharius (Grég.). N. m. Magnier.

Megin-hard, Magenhardus (Frod.), Maynard, Ménard.

Megin-bert, ou Maht-bert, ou Madil-bert; St. Maubert, St. Maimbert, et Ste. Mauberte.

Megin-frid, Maganfried, Maht-fried, Man-fred, Mainfroy, Maufray, Maffey, Meffre.

Megin-geir, St. Mauger. N. m. Maugeron, Maugeret.

Megin-gisl, St. Mauguis, Maugis, Ste. Mauguille.

Megin ric, Magnericus (Grég.), Med-ric, Médéric, St. Merry.

Med-hard, St. Médard ou St. Mars.

Maht-hild, Machildis, Mathilde, Mahaut, Ste. Manechildis ou Ste. Ménéhoult.

Mad-ulf, Madulfus ou St. Molf, ou St. Mion.

MUND, *main*, *protection* ou *présent*, figure dans les finales telles que : Sigismund, Edmund, etc.

NANN. Nanna, épouse du dieu Balder; de nenna, *aimer*.

Nann-hild, Nanthilde, femme de Dagobert.

OD, ODAL, OTHUL, UDAL, *riche, puissant*. Odin est surnommé Odun, *le riche*.

Od-ung, Odo, Odon, Eudes, Eudon, et Od-lungr, Odilon.

Od-her, de là peut-être Odoacer, ou Odoacre. N. m. Odier.

Od-ald, —wald, Odoaldus (Grég.), Eudault, Eudel, Heudelin.

Od-ard, —ward, Odard, Odoard.

Od-ric, Odalric, Udalric, Ulric, Odry.

Od-frid, Odfrid, moine, neveu de Charlemagne.

Od-ulf, Odulf (Niala), St. Odulf, ou St. Odolf.

Od-gar, Othgar, St. Otgerus ou St. Oder, Oger, Ogier.

REGIN, RAGN; *Dieu* ou *divin*. Odin est surnommé : Ragnar, *le divin*.

Regin-ulf, Raynulfe, duc d'Aquit.; Regnouf, Reginon, Regnon, Renoul, Renou.

Regin-her, Ragnacharius (Grég.), Raganarius (Frod.), Rainnerus (id.), Réginer, Regnier, Raynier, Raguenier.

Regin-ald, —wald; Odin est surnommé : Regin-valdr, *le prince* ou *le gouverneur des dieux*. Ragnval (Niala), Reinoldus (croisé), Reginald, Regnault, Reynaud, Renaud.

Regin-hard, Regnard, Reinhard, Reynard, Renard (1).

---

(1) C'est ce nom d'homme qui a été transmis à un quadrupède par l'effet de la grande popularité du roman du *Renard*, pendant le moyen âge. Dans cet ouvrage, qui d'abord fut composé en frison, et qui fut ensuite traduit dans toutes les langues de l'Europe, le nom du héros est *Reginard* ou *Renard*, et son sobriquet correspond,

REGIN-WARD, St. Raynouard, Renouard.

REGIN-BALD, Ragimbaldus (Frod.), Raimbault, Reybault.

REGIN-BERTH, Ragimbert, roi lomb.; Raimbert, St. Ragnobert, ou Renobert, ou Rambert.

REGIN-FRID, Raganfridus (charte de Charles le Chauve, 845); Reinfridus (croisé); Raganfried, Rainfroi.

REGIN-HELM, Ragenelmus (Frod.), Regnaulme, Reneaume.

REGIN-MUND, Raymond, Rémond.

REGIN-RIC, Raganricus (charte de Charles le Chauve, 845). N. m. Regnery.

RIC Is., rekr, *héros, guerrier,* ou bien : rikr, *puissant, riche.*

RIC-ULF, Riculfus (Grég.), Ricoul, Riou.

RIC-HER, Richarius (Grég.), Richer, Riquier. Riquet.

RIC-ALD, —WALD, Richaldus (Frod.), Rigaud, Ricaud, Richaud, Rivaud, Riffaud.

RIC-HARD, Richard, Ricard.

RIC-BALD, Ribaldus, Ribaud (1), Ribel.

RIC-BERTH, St. Ricobert, ou Rigobert, ou Ribert.

RIC-HELM, Richaume, Richomme; ital., Richelmi.

RIC-HRAMN, Richerand.

RIC-MUND, Richemond.

---

dans tous les dialectes, au mot latin *vulpes.* Ainsi, l'ouvrage est intitulé, dans l'édition de Lubeck, 1498, en ancien flamand, *Reineke Vos;* en flamand moderne, (Eccloo, 1834), *Reinaert Vos;* en allemand; *Reinhard Fuchs*, (Berlin, 1834). Les Anglais appellent ce fabliau *Tale of the Fox*, et les Français, *le Roman du Renard.* Enfin, il a été publié en latin, d'après un ancien manuscrit, sous le titre de *Reinardus Vulpes*, par Mone, à Stuttgard, 1832. Cette affinité constante d'un nom d'homme à celui d'un animal, a substitué en France le mot *renard* à l'ancien mot *goupil*, qui était dérivé de *vulpecula*, et qui en revenche est devenu un nom d'homme assez usité : *Goupil*, *Goupilleau*, etc.

(1) Selon toute vraiemblance, le substantif Ribaud vient du nom d'homme, comme Renard vient de Reginard, comme Amérique vient d'Amalaric, et Huguenot, de Hugue ou Hugon. On sait que le sobriquet de huguenots fut donné aux Protestants pendant un voyage que la cour fit à Amboise en 1560. Les Protestants ne se réunissaient alors que la nuit, de peur d'être inquiétés. Les courtisans comparèrent ces habitudes nocturnes avec celles du roi Hugon, qui, d'après une ancienne légende de Tours et d'Amboise, est un revenant parcourant à cheval les remparts de ces villes, pendant la nuit; le nom de huguenot fut une allusion à cette légende.

RAD, ROD, RUD. Isl., hradr ou hrathr; ang.-sax., hræd, hrad, *velox;* de là l'anglais readi, *prompt,* et sans doute le français *raide, roide,* dans le sens de *rapide.*

Ou bien isl., rad, rath; a.-s., ræd, *consilium*, mots dont la racine paraît être commune avec celle du latin *ratio.*

ROD-ULF, Rodolfus, Radulfus (coisés); Roth-ulf (Chron. sax.), Rodolfe; Rudolf; isl., Hrolf; ang.-sax., Raulf, Rawulf; ang., Ralph; franc., Raoul, Rollon, Rollin, Roux, Roul, Radon.

ROD-HER, Ratharius (Grég.). N. m. Rathier, Radier, Rodier, Rouillé.

ROD-ALD, - WALD; Rodoald, roi lomb.; Batholdus (croisé). N. m. Rodeau, Radeau, Rouault.

ROD-HARD, —WARD; Rodoardus (Frod.); Rothardus, Roardus (croisés); Rodard, Rudhart, Rouard.

ROD-BALD, St. Rodobald, Rabaud, Roubeau.

ROD-BERTH, Rodbertus, (ang.-sax., Rodbearde, Rodbyrd, Hrodberd, etc.); St Rupert, Robert, Robin, Robineau.

ROD-GEIR; isl., Hrodgeir; ang.-sax., Hrodgard; Rotgarius (Frod.). N. m. Roger, Rogier; (Ang., Roggers, Rodgers; all., Rudiger; ital., Ruggieri; esp., Rogiero).

ROD-HILD, Rothildis; c'est là le vrai nom de l'épouse de Clovis; Frodoard, en l'orthographiant ainsi, n'a fait que supprimer le signe de l'aspiration gothique (ch), que Grégoire Tours avait placé devant le nom de *Ch*-rothildis, comme devant celui de *Ch*-lodoveus; si nous le retranchons, il nous restera *Lodoveus* ou *Louis;* et *Rothilde,* au lieu de *Clothilde.*

ROD-LAND, Rotlandus (Frod.); Rolland.

ROD-MUND, Hrod-mund (Beow.); Rodomond, Romont.

ROD-RIC, Hrærekr (Edd. sœm.); Roricus (Frod.); Roderic, Rodrigue, Rurik.

SIG, *victoire.* Odin est surnommé : sigar, *le victorieux.*

SIG-ULF, Seulfus (Frod.); Sigulf ou Sicon, prince de Bénévent; Sigou.

SIG-HER, Sigher, roi d'Essex; Séguier.

SIG-ALD, —WALD; Sigoald, Sigaud.

SIG-HARD, —WARD; Sighard ou Seward, roi d'Essex; Sicart.

SIG-BALD, Sigebaldus, Sigebodus (Frod.); Sigebaud, Sibot.

SIG-BERTH, Sigebert, Sibert,

SIG-FRID, Sigefroi, Siffroi, St. Siffrid, Siffren, Suffren, Siffet.

SIG-MAR, Sigemarus, (croisé); Simard, Simier.

SIG-MUND, Sigismond, Simond. (Odin est surnommé : Sig-mund, *donnant la victoire*).

SIG-RIC, Sigeric, roi des Wisigoths.

SIG-WIN, Siguin, duc de Gascogne; Seguin.

Isl., STEIN; ang.-s., STAN, *pierre.* Cet élément est toujours final, comme dans : Thor-stein (Niala); Wulf-stan, Elf-stan, Dun-stan (Chr. sax.). Le nom d'Æthel-stan ou d'Adel-stan, signifie *noble pierre, pierre précieuse* (isl., edall-steinn; dan., edelstein, *gemma*).

THANK, *pensée, esprit.*

THANK-BRAND, apôtre d'Islande.

TANC-MAR, fils d'Henri l'Oiseleur.

TANC RED; Dangulfus (Frod.); St. Tanneguy ou St. Tanguy. De là plusieurs noms, tels que Danguy, Tanguy, et peut-être Dancourt, Danchet, etc.

THEOD, THIOD, TEUT. *Germanicè*, Diet, Dit. Vulgairement, *peuple, nation*; poétiquement, c'est un adjectif augmentatif.

THEOD-ULF, St. Théodulfe ou St. Theodule ou St. Thiou; Thiodolf, *de Hween, scalde fameux;* Theudulfus (Frod.); Theodolus ou Théodon, *arch. de Tours.* N. m. Théaulon, Thiou, Dion.

THEOD-ALD, —WALD; Theodald, duc de Mantoue; St. Theodald; Theodowald, fils de Clovis. N. m. Théau, Thiau, Diot.

THEOD-HARD, St. Téodard ou St. Dodard, Thiars, Tetbaldus (Frod.).

THEOD BALD, Theobald, Thiébault, Thébaud, Thibaud.

THEOD-BERTH, Théodebert, Thibert, Thuidpertus (Jorn).

THEOD-FR D, St. Theodfrid, St. Thiffroi, Thieffry.

THEOD-HRAMN, Theoderamnus (Frod.).

THEOD-LIND, Theodolinde, reine de France.

THEOD MAR, Théodomir, roi des Suèves (Jorn.). Thiodmar, est employé dans l'un des poëmes de l'Edda (Gudrunar-q., c. III, st. 3), comme substantif, avec la signification de héros, d'homme illustre.

THEOD-RIC, Thiud-rekr (Edda); Théodoric, Thierry. N. m. Thierion, Thieriet, Thieriot; all. Dietrich.

THOR, *audace, audacieux*, ou bien le nom du dieu Thor.

Le Niala et l'Eyrbiggia-saga contiennent beaucoup de noms dans la composition desquels entre cet élément, tels sont : Thor-olf, Thorgeir; Thor-stein, Thor-grim, Thor-hild, Thor-leif, Thor-wald, Thor-brand.

Thor a composé aussi les noms de Thorismund, roi des Wisigoths, et de Thormund Torpheus, historien danois; celui de Thorold ou Thurold, abbé de Peterboroug, en 1060, et sans doute les modernes noms français de Thorigny, Thureau, Turgot.

ULF; isl., OLF, ang.-sax., WULF, *loup.* Hikes fait observer, en sa grammaire mœso-gothique, que le nom du célèbre évêque Ulfilas, ou mieux Ulfila, est un diminutif régulier de ulf, et qu'il signifie *petit loup.*

Cet élément est rarement employé comme initial. On trouve Ulfarius et Ulfingus, dans Frodoard; Wulf-stan et Wulf fric, dans la Chr.

saxonne. Mais, comme final, il se combine avec presque tous les éléments, Regin-ulf, Adel-ulf, etc.

WALD. Isl. valld, *potestas, imperium*; valldr, *potens*. Wald doit avoir une racine commune avec les mots latins *validus, valdè*.

Wald-her, Walter; Waltherius; Gualterius; Gautherus; Walcharius, *vicomte de Narbonne;* Walcherius; Galcherius; Gaucherus. N. m. Gauthier, Gaultier, Vaulchier, Vautier, Gaucher, Gaucherot, Gautron, Gauteret, Gautreau.

Wald-berth, Valdebert, Valbert, Valabert, Galabert, Jalabert, Gaubert, Jaubert.

Wald-hramn, Waleran, Galeran, Gaudran l.

Wald mar, Waldemar (Grég). Ce nom est celui de plusieurs rois de Suède et de Danemark. Il est aussi le nom scandinave du souverain de la dynastie des Warangues, que les Russes honorent sous le nom de St. Wladimir. La France, de son côté, possède saint Waldemar, dont la tradition populaire a transformé le nom en St. Galmier, Gaumier, Jaumier, Gaume, ou Jaume. Ainsi, tous ceux qui portent aujourd'hui, en France, des noms semblables à ces derniers, peuvent se considérer comme les successeurs onomatologiques des Waldemar et des Wladimir.

Wald-ric, Waldericus (Grég.); Gaudericus (Frod.); Gaudry, St. Walery, Vautry.

Wald win, Walwin, Gauvin, Gaudin (St. Gaudin se nomme aussi St. Waldin ou St. Gualdin).

WAND, WANN. Cet élément, provenant du nom d'un peuple mythique (les Vanes), figure dans le nom des Vandales (isl, Vandils).

Wand-gisl, Wandergisilus ou St. Wandrille.

Wand-helm, Gantheaume.

Wand-ulf, Gandolfe, Gandon.

Wand-mar (Grég.), Vandalarius (Jorn.), Wandelbert, etc.

WARN, WARD, *défense, garde*.

Warn-her, Warnacharius (Grég.); Warnerius (Frod.). Noms ang. et all., Warner, Werner, Werther. Noms franç. mod., Garnier, Garnerin, Garneret.

Warn frid, Warnfrid, historien lombard.

Isl., VE; ang.-sax., VIG, VIH, *consécration, sanctification*. Il est remarquable que l'un des frères d'Odin, qui se nomme Lod, est appelé aussi Ve ou Vig, et que ses noms réunis forment Lod-ve ou Hold-ve, nom d'un prince dans le Volundar-quida, que les traducteurs de l'Edda rendent par *Ludovicus*.

Cet élément forme, dans Beowulf, le nom de Wig-laf, Wih-laf, Wi-laf, et les noms de croisés Wikerus, Wicherus seu Guicherus;

Wibertus seu Guibertus; enfin, le nom de St. Guibert ou Wigbert. Nous pouvons conclure de ces variantes que : ve, vig, se sont transformés en : gui, guig, guich, et qu'ils forment aujourd'hui des noms tels que Guyon, Guyet, Guyot, Guyard (1), Guichon, Guichet, Guichot, Guichard (2). Le nom de Guigne ou Guigon, porté par plusieurs comtes de Forcalquier, d'Albon et de Dauphiné-Viennois, doivent avoir la même origine.

Enfin, le nom de Gui se trouvant aussi écrit : Guis, Guit, on en peut conclure qu'en maintes circonstances, il a été dérivé de Wisi ou Witi, mots poétiques, formés de visa, *montrer*, et éléments dans Wisi-garde et Witi-kind. De là sont venus les noms de Guizon, Guizet, Guizot, Guizard; de Guiton, Guitel, Guitaud, Guitard.]

WIL, WILI, nom d'un des frères d'Odin; nom d'un elfe ou d'un nain, dans le Voluspa.

Wil-ulf, Wiliulfus (Grég.). N. m. Guillon, Guillou.

Wil-her, Wilicharius (Grég.). N. m. Guiller, Guillet.

Wil-bald, Wilibaldus)Grég). N. m Guilbaud, Guillebaud.

Wil-berth, Willebertus, (Frod.); Wilbert, Guilbert.

Wil-frid, St. Wilfrid.

Wil-helm, Wilhelmus, Willermus, Guillelmus. N. m. Guillaume, Guillemin, Guilleminot, Guillemot, Villemain; ang., William; all., Wilhelmus; esp., Guillelmo, Guillermo; ital., Guglielmo.

Wil-hramn, Willeram, moine frank; Guillerand.

Wil-hard, Guillard.

Wil a dû concourir avec Gisl et avec Ægidius, à former des noms de Gilles, tels que Gillon, Gilet, Gilot, etc.

WIN, *ami*; c'est aussi le nom d'un fleuve mythologique.

Win-bald, Winebaud, Guinebaud.

Win-mar, Winemarus (Frod.); Winemarus seu Guinemarus (croisé).

Win-ric, Winricus (croisé); Winitharius (Jornandès).

---

(1) Il est vraisemblable que cette origine du nom de *Gui*, est la cause de la grande popularité de ce nom dès les premiers temps de la monarchie, époque où le nom de *St. Vitus* ou *St. Gui*, sicilien martyrisé sous Dioclétien, était à peine connu. D'ailleurs, l'usage des noms patronymiques ne remonte pas au-delà du 14e siècle.

(2) Guichard est un nom gothique et non un sobriquet, comme on l'a cru; ou du moins le sobriquet a dû se former tardivement sur le nom, comme *benêt*, *renard*, ont été faits de *Benoît* et de *Reginard* : ainsi, *Vichardus de insulâ* (Guichard de l'Ile, croisé), et St. *Guichard*, évêque de Nantes au 11e siècle, portaient des noms gothiques, et non des sobriquets.

Observons, en terminant cette nomenclature, que les noms grecs sont composés de la même manière et dans le même esprit mythique que les noms des Goths. Ils sont également formés d'éléments se combinant deux par deux, et variables à l'infini :

Cléo-bule,	Thrasy-bule,	Aristo-bule ;
Cléo-crite,	Théo-crite,	Démo-crite ;
Cléo-damas,	Poly-damas,	Eury-damas ;
Cléo-dème,	Méné-dème,	Crito-dème ;
Cléo-gène,	Proto-gène,	Dio-gène ;
Cléo-laüs,	Agési-laüs,	Philo-laüs ;
Cléo-strate,	Nico-strate,	So-strate.

Quelquefois le sens d'une combinaison gothique semble être le même que celui d'une combinaison grecque. Ainsi Folc-wald (Foucaud), qui signifie : *commandant aux peuples*, représente parfaitement *Méné-dème* et *Lao-médon*, qui expriment la même idée; de même Ful-bert ou Filibert (*multa gloria*), est la traduction de *Poly-clète*, et Rad-ulf (*consilium lupus*), celle de *Lyco-mède*.

Quant à l'application du sens des noms aux personnages qui les portèrent, c'est une égale chimère de la chercher d'un côté ou de l'autre. La première génération, qui établit ces sortes de noms, put seule s'en prévaloir.

Les noms gothiques furent presque seuls usités en Europe, pendant cette partie du moyen âge qui s'étend depuis l'invasion, dans les cinquième et sixième siècles, jusqu'à l'organisation régulière de la chevalerie, dans le onzième. Durant toute cette période, l'histoire, les chroniques, l'agiologie, ne présentent que des noms gothiques, et l'on ne trouve d'étrangers à ce système, que les noms des Papes et ceux des Exarques de Ravenne. Il est remarquable que la liste tout entière des souverains Pontifes, n'offre pas un seul nom gothique, parce que l'usage des nouveaux élus, en montant sur le trône de St. Pierre, a toujours été d'adopter un nom d'origine hébraïque, grecque ou romaine.

Le onzième siècle vit s'opérer de grands changements dans les mœurs de l'Europe. Jusque-là, l'impression laissée par la conversion au christianisme, avait fait considérer, malgré la violence naturelle des hommes de ce temps, l'humble piété des moines comme le type unique et nécessaire d'une société chrétienne. Alors, les rois ne voulaient mourir qu'enveloppés d'un froc et couchés sur un lit de cendre, et la majeure partie des saints de la légende date de cette époque. Mais l'incorporation des Normands dans la nation française semble avoir donné naissance à des idées plus fières, que l'audace et la renommée de ces hardis aventuriers propagèrent bientôt dans toute l'Europe. De leurs exploits, presque fabuleux, date l'institution, ou du moins, la régularisation de la chevalerie. Un code de l'honneur mondain, mitigeant l'humilité des premiers temps de la conversion, créa à l'homme d'armes une situation tout à la fois chrétienne et indépendante des inspirations du cloître. Les barons et les chevaliers devenus jaloux d'assurer, même en ce monde, la durée après eux, de leur autorité et de leurs priviléges, les inféodèrent à leurs domaines. C'est alors, que le fief étant devenu le gage et le titre même de la puissance, chaque seigneur ajouta à son nom individuel le nom de son manoir féodal. Or, le nom du fief passant du père aux enfants, en même temps que le domaine, tandis que le nom individuel changeait presque à chaque génération, il s'ensuivit que cette nouvelle sorte de noms acquit une toute autre importance que l'ancienne; qu'elle servit de guide pour les généalogies, et devint le point de ralliement de tous les membres de la famille noble.

Telle fut l'origine des noms de famille : simples surnoms dans le principe, sortes de décorations attribuées aux possesseurs des fiefs, leur nature durable et extensible les éleva bientôt au-dessus du nom viager. Et celui-ci, ayant perdu son importance première, reçut plus tard une autre destination, quand il fut donné aux enfants nouveaux nés, avec une idée de patronage agiologique.

La famille noble s'étant constituée par la communauté du nom, les roturiers, auparavant dissous en individus, se groupèrent aussi peu à peu en familles, par le lien d'un nom commun. Cette révolution fut lente à s'accomplir, car le temps et l'usage seuls en firent leur tâche, aucun réglement ne leur venant en aide. De là cette confusion barbare, et cette obscurité prodigieuse qui voilent l'origine des noms de famille plébéïens. On voit dans le long recensement des bourgeois de Paris, fait en l'an 1313, sous le titre de *Livre des tailles* (1), qu'à cette date, les bourgeois n'avaient pas encore de noms de famille réguliers. La plupart cependant sont distingués par un sobriquet, par un nom de métier, ou par un nom de pays ajouté à leur nom individuel. Mais il est évident que

(1) Publié par M. Buchon, en 1827, d'après les manuscrits de la bibliothèque du roi.

chez tous, le premier nom qu'ils portent, lequel est un nom gothique ou un nom de saint, est le principal, et qu'il ne saurait être considéré comme un simple prénom, tandis qu'au contraire, le second nom semble n'être qu'une désignation accessoire.

En examinant avec attention ce document et tous les autres que nous avons pu rassembler, nous avons cru distinguer que les noms de famille populaires sont puisés à cinq sources différentes :

1° Quelques noms furent donnés à l'instar de la féodalité, comme du Puy, du Mont, du Val, du Frêne, de l'Étang, du Roc, etc.

2° D'autres proviennent des sobriquets, qui étaient fort en vogue au moyen âge (1), comme Lelong, Legrand, Leborgne, Petit.

3° Des noms de métier : Lefèvre, Fabre, Charron, Charretier, Pelletier, Charpentier.

4° Des noms gothiques passèrent d'un individu à sa postérité, comme Bernard, Baudouin, Guillaume, Robert, Gautier; ils reçurent toutes sortes de transformations, de contractions ou de dlminutifs, comme Bernardin, Guillemot, Gautron, Robin, Robineau, etc.

5° Les noms de saints, dont l'usage ne remonte guère qu'aux Croisades, devinrent des noms de famille, en affectant des dérivations très-variées. Parmi ces dérivations, il faut surtout remarquer quatre terminaisons qui sont

---

(1) L'histoire nous offre, vers le 10e et le 11e siècles, les princes suivants : Conan *le Bossu*, et Alain *Barbe-torte*, ducs de Bretagne; Geoffroi *Grise gonelle*, comte d'Anjou; Guillaume *Tête d'étoupes*, duc d'Aquitaine; Charles *le Simple* ou *le Sot* (Carolus stultus), roi de France; Robert *le Diable*, etc.

empruntées aux noms gothiques, et qui ont été appliquées à toutes sortes de noms. Ainsi, de même que

Berth-ulf, Berth-ung, Berth-ing,	}	Berth-her, Berth-ald, Berth-ard,

Ont produit

Berth-on, Berth-on, Berth-in,	}	Berthier, Berthaud, Bérard.

Il a été formé avec le nom hébreux de Jacques : Jacquin, Jacquier, Jacquaud, Jacquard.

Jacquemin, Jacquemon,	}	Jacquemet, Jacquemot, Jacquemard.

De même, avec le nom de Pierre, on a fait :

Perron,	{	Perrier, Perraud, (Perret) (Perrot),	}	Perard.

Puis des diminutifs, tels que Perronnin, Perrotin, Peraudeau, etc.

St. Bris nous a donné : Brisson, Brisset, Brissot, Brissard, etc.

Des noms de lieu, d'arbre, ont reçu les mêmes désinences dérivées du gothique, ainsi, de *chêne* on a fait : Chesnon, Chénier, Chesnot, Chesnard; de *faye* (hêtre): Lafaye, la Fayette; et Fayon, Fayet, Fayaud, Fayard.

Les trois fêtes de Noël, de Pâque et de l'Épiphanie (autrefois Théophanie), ont fourni un certain nombre de noms sous des formes bizarres, comme :

Nau, Naudin, Nodier, Nouveau, Nouvelon, Nauleau;

Pascal, Pasquier, Pasquereau;

Thiffaine, Thiffoine, Tiffeneau, Thiffonet.

Telles ont été les révolutions des noms depuis les plus anciennes traditions gothiques jusqu'à nos jours.

On peut dire que les noms ont suivi une marche inverse à celle de la société; car, tandis que celle-ci a gravité dans une voie pénible et longue, mais constante, de progrès; les noms, émanés d'un point de départ idéal et poétique, ont au contraire reçu du temps les atteintes les plus fâcheuses. Ici, l'avantage reste tout entier à nos aïeux gothiques.

O Scandinaves! ô leudes de Clovis et de Gondebaud! si, lorsque vous jetâtes les fondements de la nation française, vous eussiez prévu que votre œuvre aurait tant de durée et tant de gloire, vous vous fussiez gardés d'en conclure que vos nobles noms, qui vous décoraient à l'égal de vos armes et de vos bracelets, subiraient, chez vos descendants, les métamorphoses les plus dégradées! Vous l'eussiez enterrée vive, l'imprudente Velléda qui vous eût annoncé qu'Udalric, Walther, Waldemar, revivraient dans *Odry*, *Gaucherot* ou *Jaumier;* et que le poétique nom d'Harold, indignement transformé en *Arouet*, serait, un jour, méconnu et repoussé par l'un des plus grands génies de votre postérité!

Tours, Imp. de Mame.

www.ingramcontent.com/pod-product-compliance
Ingram Content Group UK Ltd.
Pitfield, Milton Keynes, MK11 3LW, UK
UKHW020332250726
13967UKWH00005B/1995

9 782012 885202